本书出版获 2021 年度河南省高等教育教学改革研究……
"设计学类专业'3443 创新创业教育生态系统'构建与实践"（项目编号：
2021SJGLX1462022）、河南工业大学社科创新基金计划（通用信息设计
团队）（项目编号：2022-SKCXTD-05）、河南省教育厅人文社会科学研
究项目"乡村振兴背景下设计创新赋能河南城乡融合高质量发展策略与
路径研究"（项目编号：2023-ZZJH-353）、河南工业大学骨干教师培养
计划资助

地域文化创新设计研究

高雅真　著

WUHAN UNIVERSITY PRESS
武汉大学出版社

图书在版编目(CIP)数据

地域文化创新设计研究/高雅真著.—武汉:武汉大学出版社,2024.7
ISBN 978-7-307-24266-1

Ⅰ.地… Ⅱ.高… Ⅲ.地方文化—关系—文化产品—产品设计—研究—中国 Ⅳ.①G127 ②G124

中国国家版本馆 CIP 数据核字(2024)第 033421 号

责任编辑:周媛媛 冯红彩 责任校对:牟 丹 版式设计:文豪设计

出版发行:武汉大学出版社 (430072 武昌 珞珈山)
(电子邮箱:cbs22@ whu.edu.cn 网址:www.wdp.com.cn)
印刷:湖北恒泰印务有限公司
开本:720×1000 1/16 印张:14 字数:208 千字
版次:2024 年 7 月第 1 版 2024 年 7 月第 1 次印刷
ISBN 978-7-307-24266-1 定价:78.00 元

前　言

地域文化是经过长期历史发展积淀而形成的，与一定地域环境的自然生态相互统一、和谐共生。地域文化具有独特性，与一定地域环境内的自然条件和人文精神密切相关。地域文化以不同形式表现，且不断积累、发展和升华，涉及有关区域社会、生活的各个层面。地域文化还具有一定的稳定性，它是在一定历史条件和地理环境下经过长时间孕育而成的，当历史条件和地理环境发生改变，地域文化也会相应地发生改变。在不同历史时期，同一地域环境内会产生不同的地域文化，不同历史条件和地理环境孕育出的地域文化各不相同，这使得地域文化向多元化发展。因此，从古至今形成的地域文化十分丰富。不同地域文化之间也会相互影响，最终呈现丰富多彩的文化样态。

地域文化是一个地区物质财富和精神财富的总和，具体包括该地区从古至今各个时代的发展模式和社会生活方式、特殊文化遗产和物质遗产。从全球范围来看，世界各个地区都拥有自己的地域文化，不同地区的地域文化具有各自的特征；从文化区的角度来说，拥有相同地域文化的地区可以划分为一个文化区，即具有某种共同文化属性的人群所占据的地区，在政治、社会或经济方面具有独特的统一体功能的空间单位。地域文化可以看作一种具有地域烙印的独特文化，揭示了地域环境与文化之间的联系，充分展现了不同地域的特点。对地域文化进行创新设计能将丰富多彩的地域文化充分展现在人们眼前，并促进地域文化的进一步传播、创新和发展。

我国在社会、经济、文化等方面取得显著成就并持续稳定发展，人们的生活水平明显提高，精神消费需求逐渐增长，地域文化表达和传播处于良好的社会环境中，人们有时间、有精力，愿意了解不同特色的地域文化，并从中获取精神力量和精神财富，在优秀地域文化的熏陶下，提升自身的道德修养与审美素养。在当前社会环境下，文化产业、创意产业拥有较强的创造经济价值的能力，社会各界力量纷纷涌入文化产业、创意产业中，有效促进了文化创意（以下简称"文创"）产业的发展。在国家相关政策的支持和引导下，各省、自治区、直辖市大力支持地方文化产业，地域文创产品迅猛发展。我国文创产品的种类和质量迅速提升，各类具有地域特色的文创产品层出不穷，我国在文创产品设计理论与实践方面不断探索并积累了大量经验，形成了一批研究成果。文创产品是地域文化的重要载体，地域文化创新设计通过文创产品得到充分体现。

创意是一种通过创新思维方式，进一步挖掘和激活资源组合，进而提升资源价值的方法。文创产品是指人们利用现代科技手段与创意提升相关文化资源价值的产品。文创产品十分依赖人的智慧与创造力，具有较高的附加价值。文创产品的核心是文化，而创意是挖掘、利用和提升文化价值的途径和方式。文创产品中的文化与创意相辅相成，缺乏创意的文创产品产生的附加值相对较低，而文化可以作为创意设计的深厚根基，促使创意设计发挥更大的作用。文创产品是文化的重要载体，具有传播与创新文化的作用。

在工业化越来越发达的今天，现代产品具有高度集成化、一体化的特点，世界各地的产品逐渐出现设计风格同质化的问题，文创产品因此具有更大的市场需求。不同地区拥有不同的地域文化，不同地区的文创产品也存在相应差异。充分展现不同地域文化的差异是文创产品产生高附加值的有效方式，是促进现代产品多样化的必要途径。文创产品要想在充分利用现代科技手段的基础上实现产品设计的多样化，必须深入挖掘不同地区的地域文化，从而利用地域文化的丰富性和多样性促进产品设计的多样化，并起到传播地域文化的作用。在制作文创产品时，首先，设计师应明确想要展现何种文化，从而建立明确的目标；其次，设计师要选择适宜的设计载体来承载想要表现的文化，使文化与设计载体相互呼应、相互融合；最后，文创产品要结合良好的创意提升附加值，使文创产品获得更多消费者的认可与欢迎，同时更好地展现文化的丰富内涵，促进文化创新发展。文创产品的设计要适应现代消费者的审美习惯和消费需求，要将现代科技手段完美融入文创产品中。

我国地域文化资源十分丰富，几千年来的历史传承与发展为文创产品设计提供了巨大支撑，充分利用这一资源能有效促进地域文化的创新设计。地域文化背景下，文创产品符号化设计是充分挖掘和利用我国丰富的地域文化资源的重要途径。同时，我国众多民族文化、地域文化具有各自独特的魅力，丰富多彩的民族文化和地域文化资源为我国旅游文创产品设计提供了得天独厚的基础和条件，有利于优秀地域文化品牌、文创品牌的形成。全球一体化背景下，世界各民族、各地域之间的文化交流与碰撞更加深入和频繁，我国民族文化、地域文化与世界上其他地域文化之间形成一种竞争关系。文创产品作为文化的重要载体，需要承担提升我国文化竞争力的责任。我国文创产品设计不应仅是照抄历史文化，还应注重创新性，促进传统文化与当下时代特征相融合，使地域文化在文创产品设计中展现现代美感。

本书以地域文化元素为研究对象，从设计学角度出发，借助文创产品设计的形式展现地域文化创新设计的具体应用。将地域文化元素应用于文创产品设计中，能够促进文创产品设计的创新发展和多样化发展，文创产品将更加受到市场的认可和欢迎，其创造经济价值的能力将得到显著提升。此外，该类型文创产品的创新设计还能有效推动地域文化的传播和创新发展。

本书在内容安排上共分七章：第一章对地域文化相关概念进行了概述，介绍了地域文化的概念和特征，阐述了文化、符号、文创产品的概念及其关联，分析了产品语境的限制性因素；第二章研究了地域文化创新设计中的表达，内容涉及地域文化的产生要素、表达应遵循的原则、表达载体和表达手法；第三章介绍了基于民间工艺美术的地域文化创新设计，包括民间工艺美术概述与主要品类介绍及基于民间工艺美术的文创产品创新设计；第四至第六章分别从文创产品符号化设计、地域文化视觉元素在旅游文创产品中的应用、河南博物院文创产品设计等角度对地域文化创新设计展开研究和讨论；第七章从中原文化出发，探索文创产品创新设计实践。

目　　录

第一章 地域文化相关概念概述

俗话说："一方水土养一方人。"不同地域独特的文化对塑造一个人的性格、行为习惯等具有很大影响。例如，不同地域的人使用不同的方言，人们可以通过他人所讲的方言来判断其所处地域，且这种判断往往具有较高的准确性。人们通过观察一个人的言行举止来界定其所处地域等各种信息，就是利用地域文化的概念。中华大地在悠久的发展进程中孕育了丰富的地域文化，地域文化的形成与自然地理环境具有密切联系。自然地理环境对文化的影响极为重要，并体现在各个方面，这种影响成为地域文化产生的基础。

第一节　地域文化的概念和特征

地域文化是人们对特定区域的自然条件和人文条件的综合性认识。人类界定一个地方的主要依据就是区域性。在一个具体的时间和空间范围内，其中发生的任何地理事件，产生的任何地理事物，都得到具体人群的见证，区域性也成为地域文化的标志性特点。

一、地域的概念

地域，一般来说是指一定的地域空间。人们有时用"区域"一词替代"地域"一词，这两个词具有相近的含义。地域是自然要素和人文因素共同作用形成的综合体，不同地域受到自然要素和人文因素的影响不同，进而形成各自特色，使不同地域之间产生清晰的界限。地域具有明显的空间连续性和相似性，也具有差异性，这使各个地域得到有效区分。地域之间存在联系，当某一个地域发生一定变化时，该地域周围的地域也会受到一定影响并产生相应变化。

总体而言，地域是具有时空特点和经济、社会、文化特征的一个概念，这一概念在经济地理学、文化地理学等学科中作为核心概念存在并被人们经常使用。只有自然要素和人文因素有机融合，才能形成一个有意义的地域概念，当一个地域概念中的自然要素和人文因素相分离时，这一地域概念便失去意义。从这一角度来看，人们心中的地域概念属于一种功能性的界定。当人们研究与分析某一地域空间时，必须综合考虑与其相关的各种自然要素和人文因素，并进行全面、科学的把握。在日常生活中，人们经常能够感受到地域中人文因素的存在。例如，人们可以根据一个人的口音来判断其所处的地域，说河南话的人一般来自河南，说东北话的人一般来自东北。地域受到明显的人文因素的影响，而人文因素也成为地域的一个重要特征。

二、地域文化的概念

"地域文化"作为一个科学概念，在学术理论界引起了众多专家学者的讨论，但却并未形成统一的观点。地域是自然要素和人文因素共同作用形成的综合体。在时间不断推移的过程中，地域中的自然要素和人文要素不断发生变化，使得地域文化本身不断发展变化。本书中所讲的地域文化是指长期历史发展过程中与特定地域内自然要素和人文要素相互统一、和谐共生的文化，具有明显的地域烙印。

总的来说，地域文化是一个地区物质财富和精神财富的总和，具体包括该地区从古至今各个时代的发展模式和社会生活方式、特殊文化遗产和物质遗产。地域文化会跟随地域发展变化而变化，相同地区在不同历史时期所形成的地域文化各不相同，相同历史时期不同地区所形成的地域文化也各具特色，使地域文化具有多样性和独特性。地域文化所涵盖的内容十分广泛，涉及特定区域内社会、生活的各个层面，具体包括当地的自然环境、风俗习惯、文化遗产、人们的生产生活方式等。

三、地域文化的基本特征

从狭义角度来说，地域文化是指某一文化区的物质财富和精神财富的总和。文化区内生活的人群具有共同文化属性，在政治、经济和社会等方面具有独特的同一性。因此，狭义上的地域文化必然具有文化共性，不同文化区所形成的文化具有其文化特色，使地域文化在具有文化共性的同时，也具有独特的文化特性和文化个性。狭义上的地域文化具有独立性和特殊性，使不同地域文化之间出现明确的"分界线"。针对狭义角度的地域文化而言，地域文化的基本特征具体包括以下两点：其一，地域文化是特定地域范围内各种文化形态、社会习俗、生产生活方式等表现的总和；其二，地域文化是社会习俗、生产生活方式、文化形态等经过长时间的演变而形成的，是特定地域范围内历经各个历史时期留下的独特文化遗产和物质遗产，具有长期性和地域性。

　　地域文化客观上存在一定延续性，具体可以从两个角度得以体现：其一，从地域角度来说，地域文化拥有较长的生命周期，周期内地域文化的内容形式较为单一且具有一定延续性。其二，从时间角度来说，地域文化随时代发展而不断传承与创新，时代不断发展，地域文化也会不断延续发展；地域文化的延续性可以从时代产物的变化中表现出来。地域文化需要通过具象的表现形态来完成表达，这些具象表现形态也是地域文化延续性的实现形式。

第二节 文化、符号、文创产品的概念及其关联

一、文化的概念

文化这一概念应用十分广泛，拥有较多内涵，人们很难对其做出一个精准而完整的定义。社会学家、哲学家、人类学家、历史学家等专家学者从各自研究领域的角度定义文化，使文化的定义复杂多变、种类繁多。

广义上的文化指人类社会的生存方式及建立在此基础上的价值体系，是人类在社会历史发展过程中所创造的物质财富和精神财富的总和。狭义上的文化指人类的精神生产能力和精神创造成果，包括一切社会意识形式，如自然科学、技术科学、社会意识形态。

"文"与"化"最初并不连在一起使用，这两个字的含义在历史发展进程中不断发生演变，并逐渐组成一个词。"文"字早先的含义为各色交错的纹理，后引申出语言文字内的各种象征符号、文物典籍、礼乐制度、人文修养等多种含义。"化"字早先的含义为事物形态或性质的改变，后逐渐引申出教行迁善的含义。"文"和"化"两个字较早并联使用出现在《周易》相关文献中，具体出自《易经·贲卦》："刚柔交错，天文也。文明以止，人文也。观乎天文以察时变，观乎人文以化成天下。"成书于西汉的典籍《说苑·指武》将"文"与"化"二字联为一词使用，书中写道："圣人之治天下也，先文德而后武力。凡武之兴为不服也。文化不改，然后加诛。"《补亡诗·由仪》中写道："文化内辑，武功外悠。"在汉语系统中，文化的本义为"以文教化"，与人的精神活动联系紧密。长时间的历史发展使"文化"一词的内涵不断丰富，人们将"文化"一词应用于更多领域中。

传统观念认为，文化是一种社会现象或历史现象，是人类社会和历史

的积淀物。文化凝结在物质之中又游离于物质之外，是人与人之间进行交流的普遍认可的一种能够传承的意识形态，是对客观世界感性知识与经验的升华，具体体现在一个国家或民族的思维方式、生活方式、行为规范、价值观念、艺术文化、科学技术等方面，能在人与人之间传播与发展。

文化是人创造出来的，是人特有的一种社会表现，它为人所用并带有特定含义的表达。文化可以细分为三个范畴，即物质文化、精神文化与社群文化。物质文化以物质为载体，是一种具象的文化表现形式；精神文化不以物质为载体，是一种非具象的文化表现形式，主要通过情感传达文化，往往具有一定夸张表现；社群文化介于具象和非具象之间，是一种独特的表现形式。

文化的主要特点为多样性、复杂性、包容性，文化是人类活动产生的一切物质与非物质产品的总和。从这一角度来说，地域文化是文化的组成部分，是在一定限制性条件下形成的具有特殊性的文化，但地域文化与文化在本质上是相同的，都是人类活动产生的一切物质与非物质产品的总和。地域文化的限制性条件是特定的地域。不同的地理自然环境下，人类的活动会产生不同的特点，使不同地域形成各具特色的地域文化。

二、符号的概念

（一）符号

符号在人类生存发展历程中承担着极为重要的角色，符号的演变历史与人类的发展历史相互联系、相互呼应。人们的日常生活中处处存在符号，符号在人们的生活中发挥着重要作用，其中最常见的符号表现形式就是文字。文字是人类在生存发展过程中创造出来的最具情感代表和文化意义的符号，是人类文明得以不断延续的重要基础。当下时代，人们的生活依然离不开文字。

符号是人们共同约定用来指称一定对象的标志物，它包括以任何形式通过感觉来显示意义的全部现象。符号既是指称和代表其他事物的象征物，也是承载交流双方所传递信息的载体。符号一定包含感觉材料和精神意义，且这两个方面相互对立、相互统一，感觉材料与精神意义一内一外共同构成符号这一整体。在任何符号中，感觉材料和精神意义两个方面不可分离。符号总是具有意义的符号，意义也总是通过一定符号形式来表现的。符号的建构作用就是在知觉符号与其意义之间建立联系，并将这种联系呈现在人们的意识之中。符号一般分为语言符号和非语言符号两大类，在人类社会信息表达和传播中发挥着指代功能和交流功能。在信息表达和传播过程中，符号作为信息的外在形式或物质载体存在，是信息表达和传播不可缺少的基本要素。可以说，没有符号，信息表达和传播就不可能实现。

在一种认知体系中，符号是指代一定意义的意象。符号的类型十分多变，它可以是文字组合、图形图像，也可以是声音信号，甚至可以是一种思想文化、一个时事人物。人们可以将符号看作一种"特殊纪念"，也可以根据自己的认知习惯创造符号，有些符号就是在人们的认知习惯影响下逐渐形成的。例如，人们为宠物取的名字就是一种符号；太阳在人们的认知习惯影响下，在包装盒上成为光的象征符号。

从传统意义上来说，符号是一种拥有较强指代意义的具象表达手段，能够代表任意事物的某一物象，人们利用符号传递事件、情感等各种信息，使信息得到具象表达，并最终达到信息传递和传播的目的。符号是人类创造出来的，能够指代自然界中的各种事物及人类复杂的情感和思想变化等。从客观上来说，符号并不是自然界中原先就存在或自然形成的。以人们身边的花草树木为例，花草树木在自然界中自然形成，并非人类创造出来的；花草树木对自然界来说仅仅是单纯的物质形态，其本身并不具有什么特殊含义。但对于人类来说，人们可以创造不同的符号来指代各种各样的花草树木，自然界中丰富多彩的花草树木都可以用符号指代。不同的花草树木对人来说具有多种含义，也可能是人类出于某种目的让花草树木成为具备一定功能的事物，各种新的符号也随之产生。符号原先并不存在，是人们在认识世界的过程中创造出来以指代各种事物的。

文字是人们创造出来的最典型的符号。人们利用文字来指代自然界中或日常生活中存在的各种事物，进而完成意思表示和情感交流等多种活动。符号具有感知性，在特定环境下具有特殊含义，这种特殊含义具有社会的约定俗成性或在特定环境下具有特殊情感含义。人们在不断追求美好生活的过程中，为了使沟通和交流更加顺畅，不断创造新的符号以使人们的表达更具指向性和连接性。基于人类生存和发展的需要，符号不断渗透到人类所触及的各个领域，使人与人之间的沟通与交流变得愈加简单和便捷，使各个事物从不相关转变为相关、从没有联系发展为指定联系。在特定语境下，人们使用特殊的符号进行表达，进而保障表达的准确性和针对性。

（二）符号与符号学

符号存在于人类所触及的各个领域，并形成丰富的符号种类，以包罗万象来形容符号的种类一点也不夸张。手势、表情、音乐、文字、绘画、语言等都包含在符号种类中，且只占符号种类的一小部分。符号本身并不具备意义，它的意义在于能够表示符号本身之外的意义。作为一种可以被人们感知的事物，符号能够与其他事物之间产生关联，并将其他事物表示出来。符号相比于其所表示的其他事物来说，更加直观、简洁，易于被人们发现，可以产生一定的刺激作用。

我们可以把整个世界看作一个错综复杂且相互关联的集合，人类就生存在这一集合中。为了更好地完成知识传递和信息交流，人类需要将这个集合中的元素进行简化和具象化，从而使抽象复杂的社会变得具象、简洁。人类在生存发展过程中逐渐形成了将世界符号化的独特能力，这也是人类的基本能力之一。人类可以感知组成世界的各种元素，并产生不同的刺激作用，利用将世界符号化的能力，实现认识世界、认识自我的目标。

将世界符号化的能力属于人的本能，人在生活中能下意识地完成将世界符号化的行为，这种本能帮助人们认识世界、认识自我，且这种行为存在于整个社会之中。人们对这种行为产生兴趣并不断研究，最终形成符号学这一学科。符号学与美学、心理学、哲学、逻辑学等学科相似,属于社会科学的范畴,是对社会生活现象的理论性阐述。符号学是人们为了更好地解析各种复杂的社会现象、深入了解自身认知行为而建立的学科,可以帮助人们更加系统地认识社会及改造世界。符号学最初以研究语言结构为主,后来应用到广告、电影、音乐、体育等领域。

符号学与符号之间存在十分微妙的关系,使各种符号并不孤立存在。在符号学理论研究中,符号是基础单位。符号的对应关系具有任意性,即人们在根据习惯将符号之间的联系固化前,符号的对应关系是任意的,其表达的意义可以涵盖所有方面。从符号学视域出发,整个社会是由无数符号组成的集合。在同一符号系统中,每个符号都具有解释和指代其他符号的潜力,即每个符号都拥有自身的独立特征,且可以表示其他的符号。

三、文创产品的含义

(一)文创产品的概念

创意是一种通过创新思维意识,进一步挖掘和激活资源组合方式,进而提升资源价值的方法。文创产品是指人们利用现代科技手段与创意提升相关文化资源价值的产品,文创产品十分依赖人的智慧与创造力,具有较高的附加价值。文创产品的核心是文化,创意是挖掘、利用和提升文化价值的途径和方式。文创产品中,文化与创意相辅相成,缺乏创意的文创产品产生的附加值相对较低,而文化能够成为创意设计的深厚根基,使创意设计发挥出更大的作用。文创产品是文化的重要载体,具有传播与创新文化的作用。

(二)文创产品的特性

1.文化性

文创产品以文化为核心,文化性也就因此成为文创产品的一大特性。只有真正地将文化内涵融入产品中,产品才能获得文化属性,普通产品才会成为文创产品。文创产品在设计和选择时需要充分考虑文化性这一因素，普通产品在注入文化内涵后将变得更加丰富多彩。文化在历史发展过程中展现出两面性，即产生好的或坏的两个方面的文化，并不只是单纯地向好的方面发展。因此，以文化为核心的文创产品在创造设计时需要对文化进行选择，简单来说就是取其精华、去其糟粕。经过细致分析和谨慎选择，文创产品被注入优秀的、受到人们广泛认可的文化内涵，优秀文化也将得到进一步弘扬；相对应地，文化中的糟粕也逐渐被淘汰。文创产品可以向用户传递文化信息，文化中的故事、情感等会触动用户的内心世界，使用户的心灵、情操等受到优秀文化的熏陶。用户在接触和使用文创产品的过程中自然会受到产品所蕴藏文化的感染，并在心理和行为上产生一定的变化。

2. 创新性

好的创意对文创产品来说至关重要，是决定文创产品价值的关键元素。创意越好，文创产品就能产生更高的附加价值，从而越能得到市场认可，创造更高的商业价值。文创产品必然具有创新性。创新性是文创产品向多样化发展的重要基础，能够有效解决文创产品同质化的问题。如果仅依靠生搬硬套、模仿复制的方式制作文创产品，文创产品将缺乏新意，难以满足当代消费者的审美需求和消费需求，文创产品的价值也难以提升。文创产品是文化与实物产品的有机融合，需要通过好的创意来实现；文化以新的形式体现在产品上，而不只是简单地将文化以文字的形式表现出来；创意在文化与产品有机融合的过程中发挥着巨大作用。文创产品以创新的形式展现文化，使用户在使用产品的过程中更好地理解和感受文化内涵。

3. 实用性

实用性是任何服务于人的产品的特性。文创产品在设计和制作时必须考虑产品的实用性，好的文创产品必定具备良好的实用性。用户需要在使用文创产品的基础上感受其中的文化内涵。如果文创产品不具备实用性，则用户必然不认可这一文创产品，也就不会花费时间和精力在这一文创产品上，自然难以达到传播文化的目的。例如，创作者利用现代科技手段和创意将文化与水杯进行融合，但最终制作的水杯却无法给予用户良好的使用体验，导致用户对该水杯的兴趣不大，水杯中蕴藏的文化内涵也难以引起用户的关注，用户更难以受到其中文化内涵的感染。

四、文创产品的分类

文创产品涉及的范围十分广泛，形成了丰富的文创产品种类。下面从工业设计的角度出发具体阐述当前时代背景下文创产品的分类，帮助人们系统地认识和了解文创产品。按照产品属性的不同，文创产品可以分为四类，即原生态文创产品、手工艺文创产品、工业文创产品和艺术衍生文创产品。

（一）原生态文创产品

原生态文创产品是大自然的馈赠，一般是指天然形成的或是极少人为加工的文创产品，具体包括各种珍奇玉石和生物标本等。原生态文创产品保持其天然形状，在历史、风俗和人文等方面的影响下具有一定的文化意义，使原生态文创产品产生一定价值。相较于其他种类的文创产品来说，原生态文创产品基本没有经过人为加工和改造，是最能表现自然界原本样貌、反映自然条件差异的文创产品，最能体现人与自然的统一。原生态文创产品的形成主要受到非人为因素的影响，因此原生态文创产品无法实现量产，且产品质量无法控制。优秀的原生态文创产品数量明显少于其他种类的文创产品，相对应地，原生态文创产品往往拥有更高的市场价值。

（二）手工艺文创产品

手工艺文创产品由手工艺人制作出来，能充分展现人的主观能动性，是人对社会存在改造的具体表现。手工艺文创产品的价值取决于加工材料的价值和手工艺人的技艺。加工材料的价值越高，手工艺人的技艺越精巧，最终制作而成的手工艺文创产品将产生更高的价值。手工技艺承载于加工材料之上，手工技艺与加工材料之间是相辅相成的关系。便于加工的原料更容易展现手工艺人的精巧技艺，而手工艺人炉火纯青的技艺也会使加工材料产生更大的价值。任何加工原材料经过手工艺人的巧妙加工都会产生一定的附加价值，部分手工艺文创产品经过加工而产生的艺术价值远远超过加工材料本身的价值。我国手工艺文创产品的素材十分丰富，各个朝代形成的独具特色的手工艺表现形式都可以成为当下手工艺文创产品的表现形式，具体包括刺绣、景泰蓝、唐三彩等手工艺表现形式。随着科技的快速发展及社会的不断进步，新的加工材料、新的加工技艺被开发出来，并应用于手工艺文创产品的制作中，文创产品的素材越来越丰富，手工艺文创产品也将形成独特的时代特征。

（三）工业文创产品

在工业化大生产背景下，工业文创产品应运而生。这种类型的文创产品具有可批量生产的优点，产品制造依靠机器完成，通过多种方法控制，工业文创产品的质量可以得到充分保证。人们将文化元素运用在工业化产品的开发中，使工业化产品获得更多的人文气息。同时，工业文创产品必须具备一定的产品功能。此类文创产品在所有种类的文创产品中占比最大，在人们生活中也是最常见的。

（四）艺术衍生文创产品

艺术衍生文创产品是艺术作品的产业化延伸。此类文创产品的制作是从艺术作品中汲取各种元素，部分艺术衍生文创产品通过模仿艺术作品的创作方法来制作，部分艺术衍生文创产品直接使用艺术作品的表现内容，部分艺术衍生文创作品采用将多种艺术元素相融合的方式来制作。简单来说，艺术衍生文创产品是艺术作品与产品的结合体，具有一定的商业价值及传递文化元素的功能。在当前信息时代的背景下，艺术衍生文创产品能够借助新媒体进行展示和销售。

五、文化、符号及文创产品之间的关联

（一）文化符号的符号学构成

文化是人类在长时间的社会实践中经过体力劳动和脑力劳动创造出来的物质财富与精神财富的总和，可以对人类的生产生活造成巨大影响。从符号学角度出发，假设整个社会是一个符号系统，文化属于这一系统的一部分，就可以将文化看作一个符号，而将这一符号从整个符号系统中抽离出来便是文化符号，其具体由以下几种符号构成。

1.图像符号

在符号学构成中，图像符号所占比例最大。图像符号中能指和所指（能指和所指在符号学中是两个重要的概念，索绪尔在研究结构语言学的过程中创造出"意指作用""能指""所指"三个相互关联的概念，他将意指作用中用以表示抽象概念的语言符号称为"能指"，将用语言符号表示的具体事物称为"所指"。能指和所指结合形成符号这一整体，且能指和所指处于对立关系。从结构语言学角度来说，能指是文字的发音和字形，即语言的声音和形象；所指是文字表示的对象或意义，即语言反映的事物的概念。能指和所指之间并不具有任何内在、自然的联系，二者之间的联系是在人们约定俗成的情况下产生的。能指和所指都是人类创造出来的，二者之间的关系是任意的，同时能指和所指也是一一对应的。能指与所指这两个概念原本只是出现在语言符号的相关研究中，后来逐渐被人们应用到所有可以传递意义的事物中，任何符号都由能指和所指这两个相对立的部分构成。）之间存在相似之处，使图像符号中能指和所指之间的相互联系天然存在。图像符号可以表现所指对象的特征和意义。图像符号的具体表现形式有图画、图表和图形。图画的形式与其代表的对象之间具有相似的特征；图表的形式可以反映所指对象各部分之间的对应关系；图形的形式具有转喻意义，可以反映其与所指对象之间存在的整体与局部的关系，可以利用典型的局部特征表现整体形象。

2.指示符号

指示符号与图像符号之间存在一定区别，其中最大的区别在于指示符号中能指和所指的对应关系受到人们对世界认识程度的影响，而非图像符号中能指和所指之间的近似联系。特定符号系统中，人们的生活经验或常识的变化能够引发指示符号变化。指示符号中能指和所指之间存在的相互联系在人们生活中客观存在，并在人们认识世界的过程中将这种联系逐渐固定下来。其中的相互联系往往来自事物本身具有的物理特性，随着人们对世界的不断探索，这种联系也被人们发现，并逐渐产生指示符号。因此，指示符号中能指和所指之间的相互联系往往是客观存在的，随着人们认知程度的不断提升，二者之间的联系也逐渐被人们认知到。指示符号通常被人们用来描述一种与前因后果类似的关系，图像符号则倾向于对所指对象的直接描摹。

3.象征符号

在符号学构成中，象征符号最能体现人类的高级智慧。象征符号中能指和所指之间可以不存在任何联系，且象征符号能够表示任何对象或意义，即象征符号可以代表任意事物。例如，红色可以代表喜庆，国旗象征一个国家的主权、荣誉和民族精神，婚戒通常代表婚姻的承诺和永恒的爱情，等等。这些象征符号中能指和所指之间的相互联系被人们普遍认可，但是其中的联系却并非天生存在。象征符号中能指和所指之间的联系既不像图像符号中能指和所指之间存在相似性，也不像指示符号中能指和所指之间存在因果联系，而更像是人们主观上随意赋予的联系。

象征符号在人们的生活中大量存在，并处于不断产生和消亡的更迭过程中，人们可以利用指示方式随意地赋予某些符号以独特意义，使这些符号象征某种事物。经过时间洗礼，其中有些符号得到某一类人集体的普遍认可，在固定的符号系统中形成类似于条件反射的效果，这些符号在这一系统中得到约定的默认，符号中能指和所指的联系也将得到默认，最终构成象征符号。象征符号的构成与人们的生活习惯息息相关，以群体默认的方式在特定符号系统中逐渐形成。

（二）文创产品是文化符号的载体

文化和符号中蕴藏着丰富的文化价值和情感内涵，这些文化价值和情感内涵并没有具体的形象，要想进一步传递或传播，需要借助具象表现设计来实现。文创产品就是承载文化和符号的良好载体，是文化和符号具象化的一种物质表现。文创产品可以展现文化符号所代表的地域性、特殊性和丰富性，使文化符号的内涵和意义更加准确、全面、具体地表达出来。在良好的创意设计下，文创产品的情感表现力、感染力和传达力都将得到提升，文化和符号所蕴含的文化价值和情感内涵可以得到更加有效的传播和表达。

文化符号也是一种标识或标示，其中蕴含的意义和内涵具有特殊性，与文化联系密切。在进行具体的、具有指向性的意义传达时，一般依靠约定俗成的文化内涵和传统习俗，其是一个区域内独特文化的高度凝练与具体体现。因此，文化符号具有丰富的内涵和较强的指向性，可以应用于文创产品。

一个企业、一个民族、一个国家都会形成各自独特的文化，并通过相关文化符号得到具体展现。文化符号可以成为相应文化的具象设计和情感表达。文化符号具有记忆、传播、沟通和凝聚等多种功能，这些功能可以通过文创产品得到发挥。文化和符号对文创产品来说是非常重要的表达因素，也是相应产品设计的关键点，文化符号具备的凝聚功能和形象传播功能对产品品牌建立具有重要的促进作用，有利于文创产品快速、高效地建立相应品牌并产生品牌效应，产品附加值也将得到进一步提升。

地域文化根据时代变迁不断发生变化，不同时代背景下的地域文化利用文创产品进行表达时运用的方法有所不同，需要根据地域文化特征进行选择和创新，使文创产品充分而准确地表现相应的地域文化。地域文化与文创产品相互融合，产品中蕴含的不同地域文化拥有不同的应用方式，文创产品在设计时同样需要进行选择与创新，促使地域文化与文创产品融合得更加紧密。地域文化中存在独特的文化符号,寻找这些文化符号需遵循四个具体原则,即普适性原则、民族性原则、文化符号与地区形象定位相一致原则,以及古代、现代与未来相统一的原则。此外,在设计文创产品时,对地域文化的应用会受到当地政策方针、经济发展程度等方面的影响。文化与符号中蕴藏着丰富的内涵和情感,而内涵和情感在表达时都需要借助具象的表现形态,文创产品就属于具象的表现形态之一。文创产品可以起到表达文化与符号的作用,而文化和符号也能够赋予文创产品意义,使文创产品获得独特的内涵和情感表达。优秀的文创产品能够充分承载地域文化中的历史意义和时代意义,这样的文创产品将受到消费者的普遍认可,并跟随时代发展不断延续下去。好的创意和设计,能使文创产品展现更大的符号价值和使用价值。

文创产品具有强烈的地域文化特征,是承载地域文化的具象表现形态,能够使设计思维物化。文创产品中需运用文化符号,而地域文化中的符号在选取和表达时会产生较明显的抽象性,即地域文化符号通过设计体现为文创产品时会经过一个变形和实体化的转化过程。文创产品在设计时需要综合考虑政策方针、经济发展等多种影响因素,使设计表达更加合理和准确,从而使地域文化中的内涵和情感得到更加完整和准确的表达,促使地域文化得到进一步延续。地域文化符号具有延续性和时代纵向贯穿性,文创产品在设计时须保持文化符号的这些特性。文创产品的本质是一种商品,需要创造市场价值和商业价值。文创产品将文化与产品进行融合,文化的独特内涵和魅力可以吸引消费者的注意力,使消费者对产品留下更深的印象,从而影响消费者的购买意愿。同时,文创产品本身需要具备良好的实用性,并能够满足消费者的购买需求。

第三节　产品语境的限制性因素分析

产品语境是指产品在设计阶段的使用环境规划和条件限制，能对产品的情感表达起到一定的约束作用。设计产品时经常用到产品语境，产品语境能够使产品中的文化内涵和思想情感得到更加准确的表达，产品设计将更加合理，可更好地实现预期目标。

语境拥有多种含义，不同学者从不同角度出发对语境进行分类。例如，语境可以分为情景类语境和文化类语境两种，情景类语境是指在特定情景中使用的语境，文化类语境是指在特定文化内涵、环境中使用的语境。语境还可以分为语言性语境和非语言性语境两种，使用情景和性质的不同可以作为语境分类的依据。设计文创产品时也需要考虑产品语境，不同文创产品的产品语境有所不同，设计者须根据环境、定义的不同使用不同的产品语境。语境要素的使用与语境环境具有密切联系，当语境环境发生变化时，语境要素的表达方式和意义也会发生相应变化。因此，设计文创产品时需要结合语境环境变化，有选择性地、灵活地使用适宜的语境要素。

产品语境的限制性因素分析主要从产品语境对产品设计的制约作用方面展开。在相应语境因素的限制下，文创产品的整个设计流程需要联系市场现状、生产力等与消费者密切相关的重要设计因素，从而使产品充分而准确地表达相应文化内涵和设计情感。设计者可以选择适宜的设计手段进行表达，使不同表达方式充分发挥作用。语境因素具体可以分为空间、情景、上下文等多个种类。任何语境在应用时都会受到特定环境范围的限制，从而使语境对设计产生较大的制约作用，设计所传达的语义、情感及其本身的结构形式都会受到产品语境的影响。产品语境对产品设计的制约作用可以排除设计表达中的歧义现象，是产品语境的一大功能。产品设计不能完全脱离产品语境的限制，一旦产品设计失去特定语境条件的限制，产品设计表达就极有可能产生歧义，容易使产品在表达思想情感或设计内容时出现偏差。因此，文创产品设计需要正确运用语境的限制性因素，以确保产品设计表达准确而适宜，最终使文创产品获得消费者的认可。产品设计表达越准确、越适宜，越能使消费者更快地进入设计者想要表达的设计环境中，使消费者更快地与产品产生情感共鸣。文创产品设计越合理地运用产品语境的限制性因素，越能使文创产品表现出巨大魅力。

产品语境是指产品在某种特定条件下需要满足消费者的某种需求，或满足某种设计理念等。文创产品设计需要明确向消费者传达的思想情感与设计内容，在设计过程中需要恰当地运用各种语境要素，使语境要素的指定性及所要传达的思想感情与设计内容相吻合，从而使相应地域文化表达得更加准确和全面。产品的功能设计和形式法则是产品语境重要的限制性因素之一，是产品设计师需要考虑的重要因素。文创产品在表达地域文化时不仅需要满足产品地域性和文化性设计的要求，还需要考虑产品的功能设计和形式法则。

第二章　地域文化创新设计中的
表达研究

　　地域文化是一定地域内从古至今生活在其中的人们创造出来的物质财富与精神财富的总和。人们通过创造活动维持生存和发展，创造活动可分为体力劳动创造活动和脑力劳动创造活动。时代不断更迭，生活在一定地域内的人们不断开展各种创造活动，他们创造出来的物质的和精神的成果与成就在历史发展进程中得到延续。在不同时代背景下，一定地域内人们创造出来的物质财富与精神财富的总和有所不同，使不同时代背景下同一地域的地域文化产生相应差异。同时，同一地域内不同时代所形成的地域文化之间具有一定的延续性。不同地域的自然地理环境不同，生活在其中的人们与自然和谐共处的方式也有所不同。人类在发展过程中必然要与自然地理环境产生联系。从某种程度上来说，人类的生存十分依赖自然地理环境，自然地理环境是人类生存的根本。随着生产力的不断提高，人们利用自然、改造自然环境的能力不断增强，人们与自然地理环境的相处方式也在不断发生变化，并创造出不同的文明。不同的自然地理环境下，人们创造和建设文明的方式、时间和程度也有所不同，最终形成各具特色的地域文化。

第一节　地域文化的产生要素

一、自然地理层面

　　自然地理环境包括大气、水、岩石、生物、土壤等。不同海拔高度、不同纬度、不同季风气候等因素都会对自然地理环境造成影响，并形成各具特色的地貌特征，生活于不同自然地理环境中的人们探索与之相适宜的生活方式。在长时间历史发展过程中，人们不断开展体力劳动和脑力劳动，创造出来的成果经过积淀、发展和升华逐渐形成独具特色的地域文化。具体来看，随着自然地理环境的变化，不同地域具有"十里不同音，百里不同俗"的现象，不同地域文化之间的差异十分明显，并与自然地理环境之间的差异存在密切关系。

　　地域文化的产生与自然地理环境密切相关。以我国不同地域的文化为例，我国南方地区、北方地区、青藏地区、西北地区，不同地区的自然地理环境之间存在巨大差异，不同地区的地域文化也千差万别。我国南方地区雨水相对充足，拥有广泛分布的水系，主要种植的农作物为水稻，我国古代将南方多个地区称为"鱼米之乡"，南方地区的景观受到当地地域环境影响形成小桥流水、小巧玲珑的特色。我国北方地区气候相对干燥，雨水相对较少，土地更加广袤，海拔相对较高。北方地区的景观具有雄伟壮丽的特点。青藏地区以高原山地为主，海拔普遍高于南方地区和北方地区，具有地广人稀的特点。当地人以放牧为生，景观具有广阔的特点。西北地区深居内陆，距海遥远，主要为高原和山地地形，降水稀少，形成沙漠广袤和戈壁沙滩的景观。我国不同地区适宜生长的农作物各不相同，气候条件、地貌特征等各不相同，人们在与自然相处的过程中形成各具特色的饮食文化、生产方式和生活方式等。例如，北方地区主要种植小麦等农作物，饮食以面食为主，并创造出丰富多样的面食种类；相对而言，食用面食较少的其他地区，面食种类相对较少。人们在不断适应自然地理环境的过程中逐渐形成具有一定特色的地域文化。由此可知，自然地理环境是地域文化产生的重要因素。

二、社会人文层面

地域文化的产生和变化还会受到社会人文层面的影响。各种社会要素不断发生变化，地域文化围绕这种变化自我发展和被动磨合，最终逐渐形成具有一定特色的地域文化。例如，战争、迁移等历史事件对地域文化的发展造成一定影响，人类的各种活动都会在地域文化形成过程中留下印迹。我国拥有丰富多彩的地域文化，不同地区人们之间的相互交流对各自地域文化的形成产生了重要影响。本小节从社会人文层面分析地域文化的产生要素，具体从历史人文和经济水平两个方面展开分析。

（一）历史人文

人类的各种创造活动是文化产生的根本，文化始终随着人类历史的发展而发展。不同地域之间会产生相互交流，人员在不同地域之间流动，并使不同地域文化传播与发展。某一地域文化在发展过程中会受到其他传入的地域文化的影响，对某一地域来说，历史发展过程中不断传入新的文化，促使该地地域文化在多种因素影响下不断创新发展。分析和研究地域文化的产生，需要深入研究当地的历史人文，从而了解当地的生活习俗和宗教文化等。研究者可以从当地的历史古迹和神话传说中了解不同历史时期当地人们的生活状态，并进一步了解不同历史时期这一地域的文化。地域文化随时代发展而不断改变，新的地域文化不断产生，同一地域、不同历史时期的人们在生活习俗等方面可能发生巨大变化。例如，当前时代背景下，人们的生活方式、出行方式等与过去相比发生了翻天覆地的变化，人们通过体力劳动和脑力劳动创造出来的财富也发生了相应变化。新形成的地域文化具有新的特点，新的地域文化的形成并非对过去地域文化的全部否定，而是对过去优秀地域文化的传承和创新，过去的历史人文也会对新的地域文化产生影响，同时历史人文会随时代发展而不断演变。因此，通过分析和研究某一地域的历史人文，能够对过去各个时代的某一地域文化产生更加深刻的理解，进而更加了解当前时代背景下某一区域的地域文化。

（二）经济发展水平

地域文化活动变迁受到经济发展水平这一因素的影响。一个地区的生产力发展状况能从当地的经济状况中反映出来，并进一步展现当地的文明程度。经济发展受到多种因素的影响，其中商业对经济发展的影响巨大。商业是促进文化交流的重要推动力，商业在发展过程中引发各个区域的文化交流与碰撞，商业在文化交流过程中起到连通作用。经济发展带动人口流动，最终促使各个区域实现文化交流。古代丝绸之路的出现就与经济发展有关，并有效促进了中西方之间的文化交流。古丝绸之路连通了中西方，使中西方各自的文化和商品等实现传播和交换，促使中西方人们的生产生活方式发生相应变化，中西方的经济结构也随之进行调整，并最终影响中西方不同地域文化的形成。

第二节　地域文化创新设计表达应遵循的原则

一、尊重地域文化的真实性

尊重地域文化的真实性这一原则关键在于真实反映地域文化，并保持地域文化的原真性，避免最终设计出来的作品引起他人对地域文化的误解，避免地域文化传播遭受损害。地域文化创新设计遵循这一原则可以使最终设计出来的作品表达出原汁原味的地域文化。尊重地域文化的真实性也是在尊重地域文化的独特性和多样性。设计出来的作品真实地表达地域文化时，地域文化特色将得到保留；不同地域文化应用于设计当中时，地域文化的多样性也将得到展现。

地域文化具体包括历史文化、风土民情、民俗工艺品、地形地貌、生产生活方式、人们的价值观和审美观等方面，这些方面在今天真实存在或在历史上真实存在过，留下各种物质或非物质的依据。结合具有真实性的地域文化依据开展地域文化创新设计，方可正确、精准、鲜活地表达相关地域文化。设计师在选择载体进行地域文化创新设计时，需要注意载体与地域文化之间的关联性和紧密性。设计师还可以根据所想要表达地域文化的属性选择将其应用于产品设计、包装设计或空间设计等方面。在色彩搭配、图案设计、文字书写等细节处理上，设计师要尽可能地保留地域文化的原貌，将真实地展现地域文化精髓作为设计的核心。地域文化创新设计遵循尊重地域文化的真实性这一原则能够有效提升作品的文化附加值，促进地域文化的传播和发展。

当地域文化创新设计与具有真实性的地域文化依据相违背时，地域文化的表达将出现错误、虚假，最终设计出来的作品也将难以得到社会大众的认可。地域文化创新设计的重点之一是正确、鲜活地表达地域文化，从而激发地域文化的活力，促进地域文化的传播，促使地域文化产生更高的经济价值。地域文化表达的核心是对其真实性的表达。在利用设计表达地域文化的过程中必须充分尊重地域文化的真实性，做到实事求是，准确把握地域文化各个方面所留下的物质或非物质依据，结合具体实物、真实可靠的文献、区域内真实的风土民情及人们真实的生产生活方式等展开设计，从而使设计出来的作品真实、鲜活地表达地域文化。

二、尊重地域文化的时代性

地域文化会随着时代变迁和社会发展而变化，地域文化在传承发展过程中会形成时代性，不同时代背景下同一地区的地域文化会形成不同的特色并产生独特的价值。在进行地域文化创新设计时，设计师要充分考虑地域文化在不同时代背景下的变化，充分尊重地域文化的时代性。同时，设计师利用地域文化创新设计表达地域文化时，还要使地域文化的表达能够获得当代消费者的认可，设计师要围绕当代消费者的体验和需求展开设计，将传统的地域文化元素与现代设计理念相结合，而不能一味追求对传统地域文化的重现，或对传统地域文化元素进行简单的复制。

任何设计出来的作品都需要服务于人，得到人们的认可对设计表达来说至关重要。把握地域文化表达的时代性要求设计者充分了解当代消费者的审美需要、生活需要等，使设计出来的作品能够满足人们的这些需要。在设计相关作品的过程中，设计者要始终立足当下，将当代消费者作为表达对象，使设计出来的作品服务于当代的广大群众。设计者把握好地域文化表达的时代性，不仅能提升作品的商业价值和艺术魅力，还能使地域文化得到更加广泛的传播。采用现代设计手法、使用新型材料和工艺等有利于地域文化创新设计，能够促进地域文化的进一步创新、传承和发展，使设计出来的产品更能满足当代消费者的个性化需求。

三、利用地域文化的空间连续性

相邻区域之间存在空间连续性，区域中的地域文化也随之产生空间连续性。设计者将地域文化与相关产品或作品进行融合，利用地域文化的空间连续性获取灵感，从而丰富产品种类，增强产品之间的相互联系，使地域文化表达更加完整和真实。设计师可以在调查和研究某一地区的地域文化时，进一步对该地区相邻地区的地域文化进行调查和研究，通过了解该地区及其相邻地区地域文化的不同历史背景和演变过程、不同地区居民的生活习惯和思想观念等来掌握不同地区地域文化之间的空间连续性，为地域文化创新设计利用地域文化的空间连续性奠定基础。以文创产品设计为例，设计者在了解当地及其周边地区地域文化后，可以发现相邻地区地域文化的空间连续性，并将其应用于文创产品设计中，以此来进一步丰富文创产品的种类，增强文创产品设计中地域文化的表达。在实际设计过程中，设计师可以结合当地及其周边地区的不同地域文化来创造多个系列的文创产品，每一个系列的文创产品主要表达某一区域的地域文化。由于这些产品所表达的地域文化之间存在空间连续性，创造出来的各个系列文创产品之间可建立联系，并产生相互呼应的效果。消费者在观察和使用不同系列的产品时，也可以感受到不同系列产品中所表达的地域文化之间存在的空间连续性，使消费者更加真实地感受不同地域文化的存在，同时能够更好地满足不同消费者的审美需求。

第三节　地域文化的表达载体

　　地域文化表达需要借助相关表达载体，使人们真切地感受地域文化的存在和地域文化的精髓。地域文化的内容十分广泛，既包括非物质的思想观念，也包括实际存在的各种物件，地域文化创新设计可以从地域文化的内容中选择适宜的地域文化的表达载体。这些表达载体本身承载着地域文化，属于地域文化的内容，也在地域文化创新设计中起到表达地域文化的作用。以杭州西湖为例，西湖的各种风景属于杭州地域文化的内容，而在杭州当地很多文创产品中，会将西湖风景作为杭州地域文化的表达载体，利用杭州西湖风景的图案来表达杭州当地特色地域文化。在地域文化内容中，较常见的地域文化的表达载体包括历史文化元素、民间习俗元素、乡土材料等。以旅游景观设计为例，地域文化的表达载体可以应用于景观设计中，使设计出来的各种旅游景观表达出地域文化。

一、历史文化元素

　　历史文化涵盖的内容十分广泛，包括历史典故、神话故事、名人事迹、绘画书法、历史遗迹、古代文物等。不同的文化形式借鉴的语言和思想有所不同，但都具有承载历史文化信息的功能，能够反映出特定区域内地域文化的特点。一个地区的发展历程被记录在历史文化中，一个地区在历史发展过程中不断经历兴衰更迭，并不断留下各种文化形式的遗迹，成为当地独特的历史文化。利用设计表达地域文化，可以从当地的历史文化中寻找素材，从而使设计展现出特定区域内地域文化的特色。历史文化拥有丰富的文化形式，包含众多独特的记忆元素，是表达地域文化的丰富资源宝库。

二、民间习俗元素

　　民间习俗经过漫长的时间洗礼逐渐形成，是长时间存在于人们生活中的一种习惯，可以对人们的生活产生巨大影响。民间习俗具体的表现形式包括民俗风情、民间手工艺和民间艺术等。利用设计表达地域文化，可以将民间习俗巧妙地应用于设计中，使设计出来的作品更加贴近人们的日常生活、真实生活，从而使相关消费者在使用作品时更容易产生熟悉感和亲切感，提升消费者使用相关产品的体验。这种与人们生活关系密切的设计更容易获得消费者的认可和喜爱。同时，消费者在使用这种包含民间习俗信息的产品或作品时，还能够对相关民俗信息产生更加深刻的理解，促进特定区域内地域文化的传播和发展。

不同地域文化能够孕育出不同的民间习俗，不同地域的民间习俗会形成不同的特点。例如，中西方在风俗习惯等方面具有十分明显的差异，具有各自鲜明的特色。这些民间习俗在长时间历史发展进程中逐渐形成，具有一定的稳定性。民间习俗相较于当地的历史遗迹来说具有更为强大的生命力，民间习俗存在于当代人们的生活中，并跟随当地人的繁衍生息而不断传承发展。相对而言，过去时代人们创造并留存下来的历史遗迹是静态的，逐渐脱离当代人们的生活。因此，民俗习惯像是"活"的历史，能够充分展现当地的地域文化特征，相较于历史遗迹展现出来的当地的地域文化更加"原汁原味"、活灵活现。可以说，民间习俗是最能反映地域文化的表达载体之一。

以我国不同地区的地域文化为例，尽管我国众多省市拥有相同的传统节日，但是不同地区的人们庆祝传统节日的方式各不相同，不同地区的民间习俗明显具有独特的地域文化烙印。以我国传统节日端午节来说，我国南北方地区都有包粽子的习俗，但是北方地区人们包的粽子以甜味为主，且不加肉类；南方地区人们包的粽子以咸味为主，且常在粽子中加入肉类。不同地域文化孕育出来的民间习俗存在较明显的差异。利用设计表达地域文化时，设计者可以从当地民间习俗中深入挖掘独特的记忆元素，从而创造出令人耳目一新的文创产品。我国拥有众多地方特色民俗文化村，陕西地区拥有剪纸、秦绣、布鸡、皮影、泥塑、彩绘等多种具有浓厚地方特色的艺术形式，从这些艺术形式的相关内容中可以寻找出可应用于产品设计中的素材，使地域文化与产品融合在一起，使相关产品发挥表达和传播地域文化的作用。在相关设计表达的作用下，民间习俗中的优秀经典可以得到更多展示，促进地域文化向更大范围传播，地域文化的表达力度也会得到相应提升。挖掘地方特色民俗文化村的独特民间习俗，并将之应用于产品设计中，可以增加文化村的特色商品，为文化村创收提供支持，从而助力国家文化建设活动、经济建设活动等，且能够满足人们日益增长的审美需要和个性化消费需求。

三、乡土材料

乡土材料是指某一地域内的砖石、木材、植物、泥土、水体、色彩、铺装和符号文字等。乡土材料普遍存在于当地居民生活中，与当地居民生活之间存在千丝万缕的联系。乡土材料中蕴藏着当地居民的丰富情感，人们离家远行时常会生起强烈的思乡之情，这种情感往往寄存于乡土材料中。不同地域的乡土材料在质地、色彩等方面存在差异，使乡土材料应用于设计中产生丰富变化。各种各样质地、色彩的乡土材料都能够成为产品设计的材料，并表达出不同的地域文化，促使地域文化与相关产品进行有机融合。

乡土材料在乡村旅游设计中应用比较广泛，乡村旅游设计师经常将乡土材料应用于规划设计中，使设计更加契合当地地域文化。设计师在乡村旅游设计中如果过于追求各种现代新技术、新材料的应用，而忽略当地独特乡土材料的运用，就容易出现设计成果与周边环境格格不入的问题，导致现代设计与周边环境无法产生和谐的景观效果。相应地，过多地应用现代新技术、新材料还会导致设计成本增加，且不符合乡村旅游绿色可持续发展的理念。乡土材料一般源于当地，收集相对方便，当地的乡土材料价格相对较低。乡村旅游设计中合理运用乡土材料可以降低设计成本，提升施工速度，且更加有利于生态建设。在乡村旅游设计中，乡土植物的应用十分重要，在设计中使用乡土植物能够有效提升植物成活率和林荫度，拥有良好的绿化效果，具有塑造地域特性的作用。例如，在秦皇岛汤河公园的规划设计中，采用充分保留场地原有乡土植物和生态环境的方式，且在沿线四个节点选择乡土草种进行种植，整体设计遵循绿色可持续发展理念，充分保护了该区域原先的生态，能够展现当地独特的地域文化。

四、旅游景观设计中地域文化的表达载体

（一）植物表达载体

在旅游景观设计中，植物作为地域文化的表达载体，具有非常重要的作用。不同地域的气候、土壤和环境条件不同，这使不同地域的植物种类和形态各具特色，从而形成了具有地域特色的植物景观。

在旅游景观设计中，植物的选择和配置需要充分考虑当地的气候、土壤和环境条件，以及当地的文化背景和历史传承。通过合理配置植物，可以营造具有地域特色的植物景观，展示当地的地域文化。例如，在我国的传统文化中，梅花被视为高洁、坚韧的象征，因此在旅游景观设计中，可以通过配置梅花来展示我国传统文化中"梅花香自苦寒来"的精神。又如，在江南水乡的旅游景观设计中，可以大量使用荷花、水仙等水生植物，来展示江南水乡的水景之美和植物的独特韵味。

除了植物种类的选择，对植物的形态和配置方式也需要加以考虑。例如，在旅游景观设计中，可以通过对植物的修剪和造型，形成独特的植物景观。同时，也可以通过配置不同高度的植物，形成层次分明的植物景观，增强旅游景观的立体感和空间感。

不同地域生长的植物具有各自不同的特征，使不同地域形成各具特色的植物景观；反过来说，不同地域的植物景观能够展现一定的地域特色，人们可以通过观赏植物景观了解某一地域的文化。当人们在旅游过程中看到自己所处区域的独特植物景观时，会不自觉地驻足欣赏，并产生亲切感和归属感。在旅游设计中，植物是地域文化的重要表达载体。在旅游

景观设计中，使用乡土植物可以推动相应地域文化的传播与发展。乡土植物成活率、成荫率较高，利用乡土植物进行旅游设计具有节约成本、提升施工速度、与周围环境相契合等优点，有利于旅游设计更加符合绿色可持续发展理念，并能更好地保护当地生态环境。旅游设计在应用植物时需要注意树形和色彩的搭配，以此表现当地特色，展现当地独特的地域文化，使植物景观与周围环境融为一体。

（二）建筑表达载体

不同地域的建筑设计拥有其独特性，建筑类型具有明显差异，游客根据建筑类型可以推断其来自哪一地域。例如，游客看到四合院会想到北京；看到蒙古包会想到内蒙古。在欣赏和使用相关建筑时也能感受到来自特定区域的地域文化。设计师还可以将不同历史时期的建筑风格应用于旅游设计中，以此展现特定区域不同时期的地域文化，增加景观的观赏性与艺术魅力等，激发游客游览相关景区的兴趣，促进相应地域文化的表达和传播。

不同地域的建筑风格各具特色，这些特色建筑风格是当地地域文化的表现。例如，我国南方地区的建筑多采用木结构，而北方地区的建筑则更倾向于砖石结构。此外，不同地区的建筑风格中还蕴藏着当地居民的生活习惯和文化信仰。因此，在旅游景观设计中，合理运用地域特色的建筑风格作为表达载体，能使游客更好地了解和感受当地的地域文化。

在旅游景观设计中，建筑风格的选择应与周围环境相协调。例如，在江南水乡的景观设计中，建筑风格应体现白墙黛瓦、飞檐翘角的特色，以展现江南水乡的柔美和灵动。在北方山区的景观设计中，建筑风格则应采用石墙、坡屋顶等硬朗的元素，以体现北方山区的雄伟和粗犷。

此外，在旅游景观设计中，还可以通过建筑材料的运用来表现地域文化。例如，在川西地区的景观设计中，可以采用竹子、石头等当地特色材料来表现川西地区的自然风光和文化特色。这些特色材料的运用不仅可以提升景观的艺术价值，还可以为游客提供更加贴近自然的旅游体验。

（三）景观小品表达载体

景观小品在旅游设计中应用较广泛，是地域文化表达不可缺少的一部分。景观小品的类型多种多样，包括座椅、雕塑、景观墙、垃圾桶和圆灯等。各种形式的景观小品经过设计可以准确而生动地表达相应地域文化，表现地域文化主题。设计师可以从地域文化中抽取历史事件符号、相关物品符号等，经过简化、凝练等步骤，从中提取最具意象又富有美感的符号，将这些符号运用于景观小品建设中，可以起到美化作用和表达地域文化的作用。通过合理运用景观小品，可以增强旅游景观的观赏性和文化内涵。景观小品也成为重要的地域文化的表达载体。

在旅游景观设计中，景观小品的运用应该注重与整体设计的协调与统一。例如，在古都西安的景观设计中，可以将兵马俑的元素融入景观小品中，如兵马俑的雕像、兵马俑的复制品等。这些景观小品可以放置在景区入口、公园角落、街道旁等地方，成为旅游景观中的亮点。同时，这些景观小品也要注重与整体设计的协调与统一，不能破坏整体设计的风格和氛围。通过这样的设计，不仅可以增强旅游景观的观赏性，还可以使游客更加深入地了解西安的地域文化和历史。

除了兵马俑元素外，西安还有其他具有地域文化特色的元素可以运用于景观小品中。西安作为古都，有着丰富的历史和文化背景，可以运用历史人物、传统建筑等元素来设计景观小品。这些景观小品可以通过形象、色彩、材质等方面来表现西安的地域文化特色，使游客更加深入地了解西安的历史和文化。

此外，景观小品的设置还需要与周围环境相协调。例如，在江南水乡的景观设计中，可以设置具有江南特色的亭台楼阁和石桥流水等景观小品，以展现江南水乡的柔美和灵动。在北方山区的景观设计中，可以设置具有山地特色的景观小品，如山石、松柏等，以体现北方山区的雄伟和粗犷。

总之，景观小品作为地域文化的表达载体，在旅游景观设计中具有重要的作用。通过合理运用景观小品这一表达载体，能够增强旅游景观的观赏性和文化内涵，使游客更好地了解和感受当地的地域文化。同时，景观小品的运用还应注重与整体设计的协调与统一，不能破坏整体设计的风格和氛围。

（四）水景表达载体

水景表达载体在旅游景观设计中也具有重要的作用。水景不仅可以增强旅游景观的观赏性和互动性，还可以调节局部气候和增强生态效益。在地域文化的表达中，水景的运用也是不可或缺的一部分。不同地域的水景具有不同的特色和风格，这些特色和风格是当地地域文化的表现，也是游客了解当地文化的重要途径之一。

在旅游景观设计中，水景的表达应该注重与整体设计的协调与统一。例如，在江南水乡的景观设计中，水景的运用应该注重表现江南水乡的柔美和灵动，可以设置曲桥、流水、假山等元素，以展现江南水乡的特色。在北方山区的景观设计中，水景的运用则应注重表现北方山区的雄伟和粗犷。可以设置高山流水、瀑布等元素，以体现北方山区的特色。

除了与整体设计的协调与统一外，水景的表达还应注重与周围环境相融合。例如，在城市公园的景观设计中，可以设置人工湖、喷泉等水景，为公园增添生机和活力；在自然风景区的景观设计中，则可以借助自然条件来设计水景，如溪流、瀑布等，以保持自然风景的原汁原味。

水景是旅游设计中十分常见的地域文化表达载体。在我国古典园林中，水景是整个园林的重要部分，对水景的运用具有十分悠久的历史，各种优秀的运用案例比比皆是。水景与周围空间的结合使整个区域的设计更具趣味性，同时，水景能够给人以轻松和愉悦的感受，人们会不由自主地对水景产生喜爱之情，有水景的地方也经常是人们聚集、休息的地方。水本身具有清凉、柔和的属性，光线照在水面能够映射出斑驳陆离的视觉效果。因此，水景的存在能够引起人们的注意，人们游览水景时会产生愉悦的感受。设计师将水景元素与地域文化符号相结合，将其加入旅游环境中，能够使环境更加有趣，并起到表达和传递地域文化的作用，进而提升游客对旅游环境的喜爱程度。

水景在旅游设计中不只作为一个单独的景观，而是需要与周边旅游环境相融合。水环境的营造与周边旅游环境的融合可以增强该区域旅游环境的景观价值。水景具有较强的融合性，能够适宜地融入各种风格的旅游环境中。同时，水景的融入使旅游环境变得更具趣味性，并使旅游景区形成活跃的氛围。旅游景区的设计需要注意整体性和统一性，将风格迥异的旅游环境组合在一起，整个旅游景区将显得混乱无序，给游客带来不良的游览体验。

总之，水景表达载体是地域文化表达的重要一部分。通过合理运用水景这一表达载体，能够增强旅游景观的观赏性和互动性，使游客更好地了解和感受当地的地域文化。

（五）铺装表达载体

铺装较常用于城市道路景观设计中，铺装材料的质感、色彩和图案等都会影响最终的景观效果。步行空间和非机动车辆行道的铺装是城市道路景观设计的重点。园林设计和旅游景观设计中也会使用铺装。园林铺装是指用各种材料进行的地面铺砌装饰，包括广场、活动场地、园路和建筑地坪等。园林铺装的功能包括组织交通、引导游览、为游客提供休息场所和活动场地等。精心设计的园林铺装可以增强园林艺术效果，使地面景观更加优美，整体上给人以更加丰富和良好的审美体验。地域文化也可以通过设计融入园林铺装中，使园林铺装产生表达地域文化的作用。

园林景观铺装设计的重点可以用以下四个方面来概括：一是意境与主题的体现；二是空间的分割和变化；三是视线的引导和强化；四是园林铺装的人性化。生态旅游设计中，园林铺装的生态性承载着巨大的活动量，是支撑园区的主体。铺装这一表达载体可以直观地表达出地域文化，给人留下深刻的印象。运用铺装材料时，合理使用乡土材料和文化符号可以使铺装产生独特的地域特色，并能够体现地域文化的内涵，使地域文化得到有效的表达和传播。

在旅游景观设计中，铺装除了具有实用功能外，还可以通过材料、色彩和图案等元素的运用来表达地域文化。例如，在江南水乡的景观设计中，可以使用青石板、鹅卵石等材料来铺装地面，这些材料可以体现出江南古镇的特色和历史感。在北方山区的景观设计中，可以使用山石、沙土等材料来铺装地面，这些材料可以体现出北方山区的自然魅力和粗犷之美。

除了材料的选择，色彩和图案也是铺装表达地域文化的重要元素。在旅游景观设计中，可以根据地域文化的特点和历史背景来选择相应的色彩和图案。例如，在古城西安的景观设计中，可以使用仿古砖、青石等材料来铺装地面，这些材料可以体现出西安古城厚重的历史感和深厚的文化底蕴。同时，可以在铺装中加入陕西地区的特色图案和纹样，如秦始皇兵马俑、唐代长安城等元素，以展示西安作为古都的独特地位和历史文化价值。

总之，铺装表达载体是旅游景观设计中不可忽视的一部分。通过精心设计和运用铺装材料、色彩和图案等元素，可以增强旅游景观的文化内涵和观赏性，使游客更好地了解和感受当地的地域文化。

（六）民俗活动表达载体

民俗活动是地域文化的重要组成部分，也是旅游景观设计中重要的表达载体之一。不同地域的民俗活动各具特色，这些特色民俗活动是当地居民在长期生活中形成的传统习俗和文化表现。在旅游景观设计中，合理运用民俗活动作为表达载体，能够使游客更好地了解和感受当地的地域文化。

在旅游景观设计中，可以通过以下几个方面来运用民俗活动作为表达载体。

（1）表演展示：通过展示当地特色民俗活动的表演，使游客更好地了解当地的文化和传统。例如，在云南地区的景观设计中，可以展示当地民族的泼水节、火把节等传统民俗活动，使游客通过观赏表演更加深入地了解云南地区的文化特色。

（2）实物展示：通过展示当地特色民俗活动的实物，使游客更好地了解当地的文化和传统。例如，在陕西地区的景观设计中，可以展示当地民间工艺品、农具等实物，使游客通过观赏实物更加直观地了解陕西地区的文化特色。

（3）互动体验：通过让游客参与当地特色民俗活动，使游客更好地体验当地的文化和传统。例如，在福建地区的景观设计中，可以让游客参与当地的茶艺表演，品尝当地美食，使游客通过亲身参与更加深入地了解福建地区的文化特色。

总之，在旅游景观设计中运用民俗活动作为表达载体能够为游客提供更加深入的文化体验和互动感受。同时，合理运用民俗活动这一表达载体也能够为旅游景观设计增添更多的文化内涵和特色魅力。

第四节　地域文化创新设计表达手法的运用

本节将从生态旅游设计的角度出发，具体分析和探讨地域文化表达手法的运用。

一、直接表现法

直接表现法是一种直观、清晰地表达设计思想和设计内容的方法，其最终呈现的效果具有"原汁原味"的特点，使用这一手法表达地域文化不会进行艺术化的加工处理。运用这种手法的生态旅游设计能够使游客接触和了解区域内"原生态"的地域文化语言。这一手法的表达载体与地域内的自然特征和人文特征保持一致，能够直接运用和呈现特定地域内的地形地貌、动物植物、景观建筑、景观小品等。这种地域文化创新设计表达手法在表达设计思想和设计内容方面十分直接，能够直观、清晰地表达生态旅游设计中蕴藏的地域文化，有效增加游客对特定地域内文化的了解和认识。这种表达手法可以将现代文化和传统文化进行结合，提升生态旅游设计中地域文化的表达能力。以成都大熊猫繁育研究基地的设计为例，设计师在草地上建设熊猫嬉戏主题雕塑，在生态园中建设茅草屋、竹屋、石磨等，这些设计与当地独特的地域文化紧密联系，符合"大熊猫家乡"这一主题，游客在游览基地时可以直接接触具有当地文化特色的动物植物、景观建筑等，进而直接感受当地特色的地域文化。

二、保留与再现法

针对生态旅游设计中的保留与再现法而言，保留是指保留旅游园区原有的历史性景观，再现是一种模拟表现的形象表达手法。旅游园区中原有历史性景观的保留可以减少对周边环境的破坏，历史性景观可以维持原样，场地文化也能得到保留。再现的表达手法可以对特殊地域文化进行提炼、重塑和表达。在生态旅游设计中使用保留与再现法，可以使地域文化的表达更加准确和恰当。保留与再现法是生态旅游设计中不可或缺的地域文化表达手法。使用保留与再现法可以对具有特殊文化意义的事件进行情景再现，事件的种种情节及当时的各种场景被模拟表现出来，游客在游览相应景区时能够直观地接收到具有特殊文化意义事件的多种信息，历史文化信息在游客心中"活"过来，而不只是存在于人们的想象中。地域文化可以通过保留与再现法得到准确而直观的表达，这种表达手法能使游客对相关历史文化信息留下相对深刻的印象，更容易引发游客对相关历史文化信息的思考，游客将更容易理解和认同特定地域文化的内涵，更容易与景观设计中蕴藏的思想情感形成共鸣。

三、象征诠释手法

象征诠释手法在表达地域文化时将地域文化融入某一具体形象的实物中，使地域文化具体地呈现于景观设计中。设计师在使用象征诠释手法时要对地域文化的外在特征进行提炼，然后借助提炼出来的特征寄托设计思想，并将文化内涵和精神内涵等融入设计内容中。象征诠释手法的应用可以丰富生态旅游设计的象征性和叙述性，使人们在游览景区的过程中受到地域文化的熏陶，使地域文化中蕴藏的文化内涵和精神内涵得到有效传播。游客在游览景区的过程中在思想上与场所精神产生碰撞，地域文化中蕴藏的文化内涵和精神内涵将真正对游客的思想情感产生一定影响。生态旅游设计不仅要创造一个良好的生态场所，还要为该场所注入充足的艺术性、文化内涵和精神内涵，进而充分满足当下时代游客的消费需求和精神需求，并进一步促进不同地区地域文化的传承与发展，推动我国文化建设活动的进一步发展。

四、抽象凝练手法

抽象凝练是指对事物特征中凝聚的精华进行艺术加工、提炼，使之抽象简化，最终创造出艺术化片段和符号的过程。生态旅游设计中使用抽象凝练手法表达地域文化，要对地域文化中凝聚的精华进行艺术加工、提炼，使之抽象简化为具有艺术性的元素。这些元素又在各种设计手法的作用下融入景观设计中，使最终设计出来的景观或场所具有表达地域文化的作用。抽象凝练手法的运用可以使相对复杂和难以体现的地域文化变得生动和易于理解，这种手法应用于生态旅游设计或旅游景观设计中，有助于设计内容准确、生动地表达出相应的地域文化，有利于游客在游览相关景观或场所时快速对相应地域文化产生印象，从而有效增强相关景观设计或生态旅游设计中地域文化的表达能力。

设计师在生态旅游设计中使用抽象凝练手法表达地域文化时，可以从地域文化中寻找具有代表性的元素进行抽象和简化，这些元素要能够展现地域文化的特征和精髓，可以是当地的历史建筑、地理特征、民俗活动等。了解清楚这些代表性元素的内在特点和意义后，设计师要从代表性元素中提取关键特征，这些特征可能是形状的简化、颜色的搭配、材料的质地等，然后将这些特征转化为设计符号或元素。融合生态环保、人性化设计等现代设计理念后，这些符号和元素将更具现代感和地域特色。随后，设计师可以将这些符号和元素与各种生态景观相结合，使这些生态景观具有表达地域文化的作用。例如，西湖作为杭州重要的地域文化内容，设计师可以对西湖具有代表性的断桥、雷峰塔、三潭印月等景点进行深入了解和分析，设计师从其中提取出关键特征后，结合现代设计理念将这些特征转化为设计符号或元素并应用于景观设计中，设计完成的景观则可以起到表达杭州地域文化的作用。

总而言之，抽象凝练手法能够对地域文化的典型特征进行归纳和凝练，将这些特征融入景观设计中，使游客可以在游览景区的过程中对这些特征进行感知和解读，进而对地域文化形成更加深刻的理解和认识。这种表达手法具有较高的艺术性和审美性，能够增强游客的审美体验和文化认同感。

第三章　基于民间工艺美术的地域文化创新设计

　　民间工艺美术主要在民间文化浸润下形成，与人民大众之间的联系十分密切。一些民间工艺美术作品现在依然活跃于人们的日常生活中或留存于人们的认识中。劳动人民根据自身生产生活的各种需求创造出民间工艺美术，劳动人民创造出来的民间文化是民间工艺美术形成的土壤，民间工艺美术也成为民间文化的重要组成部分，将民间工艺美术融入文创产品设计中可以促进民间文化与文创产品的相互融合。文创产品能够表达出民间文化的内涵，民间文化也可以通过文创产品得到传播和发展。民间文化是地域文化的重要组成部分，民间工艺美术是表达和传播地域文化的重要载体，其表达出的地域文化内涵容易被大众理解和接受。将民间工艺美术应用于文创产品设计中，更容易使消费者对文创产品产生熟悉感和亲切感。民间工艺美术是重要的地域文化资源，挖掘和开发民间工艺美术有利于地域文化的创新设计。

第一节　民间工艺美术概述与主要品类介绍

一、民间工艺美术的含义和特征

民间工艺美术主要是劳动者用来满足自己的生活需要和审美需求而创造出的一种带有浓厚乡土气息的艺术形式。历史悠久，以天然材料为主，就地取材，使用传统手工方式制作，具有形式美感和实用性，具有浓郁地方特色和民族风格，与人民生活紧密联系是民间工艺美术的几大特征。民间工艺美术既包含侧重欣赏性和让人精神愉悦的民间美术作品，也包含侧重实用性和供人生产生活之用的器物和装饰品。

著名的民间艺术研究学者王树村先生把整个民族民间美术分为两大系统，即纯民间美术和实用民间工艺美术。纯民间美术是以观赏性为主、实用性为辅的传统手工艺，如年画、剪纸、风筝、皮影、水陆画、人物容像（影像或者写真像）、民间的泥塑、玩具等；实用民间工艺美术是以实用性为主，且具有一定审美形式感的工艺品。这种分类方法让民间美术成为一种独特的艺术形式，直接将民间美术纳入美术史系统，有利于更加深入地研究民间艺术。本节内容并不是主要从美术角度来研究民间艺术，因此没有将纯民间美术和实用民间工艺美术完全区分开来，而是主要探索不同民间工艺美术应用于地域文化创新设计的可能和路径。

将纯民间美术和实用民间工艺美术纳入民间工艺美术这个范畴后，民间工艺美术的范围更加广泛。纯民间美术包含的年画、皮影、风筝、水陆画、民间泥塑等，以及侧重实用性的服装饰品、器皿用具、雕刻、编织、染织、刺绣、家具、舟车、建筑装饰、戏服和表演道具等都属于民间工艺美术。

二、民间工艺美术品的分类

从功能上说，可以按照不同的功用和使用场合将民间工艺美术品分为六个大类，即建筑陈设及装饰类、日常器物类、节俗礼仪类、祭祀供奉类、观赏把玩类和游艺表演类。

（一）建筑陈设及装饰类

建筑陈设及装饰类民间工艺美术品包括戏台、宗祠、祖庙、神庙、民居、各种楼台亭阁、牌楼、墓碑、城门、拴马桩、村口建筑装饰、各类镇物、染坊、河边桥头的桥梁、井台、城池建筑、店铺的装饰、招幌、牌匾等。这些建筑陈设及装饰类民间工艺美术品中的建筑构件包括飞檐斗拱、瓦当、门楼、牌匾、砖雕、门鼓、拴马桩、上马石、门饰、门墩狮、风水楼、影壁、照壁、神龛、花窗、花墙、门楣及其院中的其他雕刻装饰等，具有满足人们心理需求和生活需求的功能。

（二）日常器物类

日常器物类民间工艺美术品主要包括生产生活用品和日常器物等。

生产生活用品主要包括农具、出行车马、纺车、服饰、工匠用具、日常摆设，如编织品、纺织类（蓝印花布、扎染、蜡染、土布等）、服装服饰、首饰配饰。日常生活器物包括家具、灯具、妆盒、盛具、饮具、食具、烟具、刺绣装饰品等。这些东西既是艺术品，又是实用的物件，具有美用合一的特点。

之所以将这些东西称为"物件"，是因为它们有一个共同的特点，即具备赏心悦目的形式美感。它们本身并没有雕刻和彩绘的装饰，但有敦厚朴实的质感，富有韵律美及适宜人们实际使用和操作的造型，可以为人们提供便捷的服务。它们既有使用功能，也可以装饰生活。

（三）节俗礼仪类

节俗礼仪类民间工艺美术品主要涵盖各种节日庆典和人生礼仪、社会礼仪所需的各种造型艺术。这类民间工艺美术品在平时并不常见，是适时而用、按需择用、且不可缺少的节日和礼仪的装饰性物品。例如,在人生礼仪中的诞生礼、成人礼、婚礼、寿礼和葬礼等使用的辅助性民间工艺美术品,都是情感和情绪表达的载体,也是民俗礼仪中的必需品。例如,各种节日和仪式中使用的道具、服饰、配饰、礼馍,以及婚庆仪式的提盒、食具、礼盒等。

(四)祭祀供奉类

祭祀供奉类民间工艺美术品主要是与民间宗教信仰有关的装饰艺术品,有一部分是通过巫术的道具演变过来的,如各类神像、祖先像、祭拜偶像、陪葬品和祭祀类的物品。另外,人们熟悉的天师像、灶王像、钟馗像、礼馍、河灯、水陆画、甲马纸、月光祃、"泥泥狗"及祭祀仪式上使用的装饰品、灵厝、纸扎人物等都归属于此类。

(五)观赏把玩类

观赏把玩类民间工艺美术品往往以审美和装饰为目的,是比较纯粹地满足精神需求的美术类艺术品,如年画、剪纸、花灯、扇面画、刻纸、炕围画、铁画、烙画、屏风、彩绘泥塑、礼馍、装饰性摆件、各种装饰画、装饰挂件等民间传统玩具、可在手掌心玩耍的"玩意儿"等。这类民间工艺美术品的主要特点是超越物用的功利性,在精神方面是很实用的,主要用来满足人们的精神需求和心理诉求。

(六)游艺表演类

游艺表演类民间工艺美术品主要体现在表演道具和装饰上,如比武和竞技、庙会和花会表演,以及游街彩车、器械、乐器、装饰品等。这类民间工艺美术品的特点是需要借助人的参与才能体现其功能,如张贴、舞动、悬挂、穿戴等,以及皮影、木偶、艺术脸谱、面具等表演道具。民间的很多玩具,如风筝、九连环、空竹、风车等也属此类。表演类的艺术品与其他类别的民间工艺美术品有重合的地方,主要出现在游艺表演及娱乐活动中。

　　以上六类民间工艺美术品的分类是从功能的角度展开的，但在实际生活中并不是严格按照这个分类。不同种类民间工艺美术品之间的功能是可以相互转换的，如皮影完成表演后挂在室内欣赏时，这时它的功能就属于观赏性的民间工艺美术品，花灯和木偶也是如此。在民间也有很多用于祭祀供奉的作品，通常也可用来欣赏和装饰。民间工艺美术品的功能主要是由在民俗活动使用场合来决定的。其实任何一种功能的体现都存在局限性，这就决定了民间工艺美术品的功能归属。

第二节　地域文化的重要载体——民间工艺美术

民间工艺美术涉及的范围十分广泛，民居建筑、居室陈设、人们生产生活使用的工具等都属于民间工艺美术的组成部分。民间工艺品一直存在于人们的日常生活环境中，很多工艺品兼顾美观性和实用性，在人们的日常生活中发挥着相应功能。在人们的观念中，具有形式美感的、用来观赏的作品才是艺术品，而人们生活中常见的民间工艺品则经常被人们忽视，民间工艺品经常集审美功能和实用功能于一体。从地域文化角度来看，我国各地的民间工艺美术具有十分明显的地域文化特色，使各地民间工艺美术的形成与特征具有一定差异。本节主要从民居建筑、生活器物两方面来探讨我国地域文化的重要载体——民间工艺美术，并对我国民间工艺美术的主要品类进行介绍。

一、不同地域的民居建筑

民居是一种结构与造型相结合的艺术，是民间工艺美术的重要组成部分，还具有一定容纳其他民间艺术的作用。我国传统文化的内涵及传统技艺凝固在民居的各种结构、形态和艺术形象、符号中，这些结构、形态构成了民居文化的主体。民居建筑是当地居民为满足自身生活需要、审美需求而创造出来的，民居的结构、形态等受到居民思想观念、生活需求、心态和精神等方面的影响，地域文化也融入民居建筑中。不同地域的民居建筑受当地地域文化的影响，具有鲜明的地域特色。

不同地域民居建筑之间的差异十分显著。例如，黄河流域可以分为多个河段区域，不同河段区域的民居建筑呈现出不同的特征。我国黄河中上游以山地为主，中下游以平原和丘陵为主。不同河段区域虽然都属于黄河流域，但是地理地貌上却存在明显差别，山地、黄土高原、丘陵、平原、沿海地区的河段区域在建筑式样与风格上展现出不同的特色。在处于黄土高原的河段区域，黄土高原深厚的黄土层成为当地居民建造房屋的一种原材料。黄土具有直立性，不易崩塌，而且比较干燥，容易开挖，这样的土质为窑洞式、"干打垒"式房屋的建造提供了良好条件，当地居民创造性地建造出以窑洞为基件的"地坑式"地下院落和合围式的四合院。在处于山地的河段流域，当地居民更多利用石头修建房屋，人们使用的农具和生活用品很多也是利用石头创造而来的。在处于平原地区的河段流域，受农耕文化的影响，当地民居建筑是典型的木结构房屋，民居建筑表达的也是来源于农耕文化产生的一系列审美理念和艺术观念等。在处于沿海地区的河段区域，当地的民居建筑主要为砖木结构，当地的地理环境使渔农文化相互交融，当地居民在建造房屋时也会受到渔农文化融合的影响。

不同民族的民居建筑也存在显著差异，且各自形成独特的建筑风格。例如，苗族具有代表性的民居建筑为吊脚楼；哈尼族具有代表性的民居建筑为蘑菇房；侗族具有代表性的民居建筑为竹楼和风雨楼；蒙古族具有代表性的民居建筑为蒙古包；沿海地区还产生了船型屋；等等。我国地域辽阔，众多民族在这片土地上和睦相处，形成的民居文化也十分丰富。随着我国地域文化、民族文化的不断传承、创新和发展，我国民居文化也在不断发生改变，现代高楼大厦变得十分普遍，新的民居文化也随之产生。民居建筑可以成为一个时代的特征，也能够展现出相应时代背景下人们的生活需要和审美需求等。

二、不同地域文化孕育出各具特色的生活器物

中华文明经历漫长的考验和磨炼延续下来，劳动人民在长期的社会实践中创造出丰富多彩、美用合一的生活器物，具体包括各种形态的劳动工具和日常生活用品。这些生活器物具有较强的应用价值，并符合人民的审美观念，能够表达相应的地域文化。

远古时期的人们通过打制、磨制等手段制作生产生活工具，随着社会生产力的不断提高，人们创造出越来越多、种类丰富的生活器物。人类的创造活动围绕生存需要和生活需要展开，农业生产工具、手工业工具、渔猎养殖工具、餐饮厨炊工具、起居生活用品等各种类型的生活器物被创造出来，为人们的衣食住行提供了巨大便利，使人们的生活更加丰富和美好。制陶、铸铜、髹漆及各种编织等工艺的出现为生活器物的制造奠定了基础。早期人们的生产力较低，制作工艺相对简单，创造的生活器物以实用为主，一种生活器物一般具有多种用途。随着社会生产力的不断提高，人们的审美需求不断提高，人们在创造生活器物时逐渐关注到造型和装饰。早期的生活器物造型和装饰相对来说比较简单，生活器物的数量也相对较少，同一生活器物可能发挥多种用途。例如，一个陶罐既可用来盛水，也可用来储物或蒸煮食物等。随着社会生产力的提升及人类文明的不断发展，人类对自然界的认识不断深化，改造和利用自然的能力不断提高，人们的生活领域也不断开拓和发展，制作工艺逐渐丰富起来，生活器物的功能也越来越完善，生活器物的种类也变得越来越多。人们审美情趣的发展及审美需求的增加，促使生活器物的造型和装饰愈加丰富，且不同地域人们的审美观念不同、民间文化不同，导致不同地域人们创造的生活器物具有明显的地域文化特色。

　　传统的农业工具包括耕种、收获、加工、灌溉、运输、储存等多种类型的工具；渔猎养殖工具包括各式刀具、渔网、弓、箭、筛、篓、筐等；餐饮厨具包括碗、筷、勺、碟、茶酒具等；起居生活用品包括枕具、灯具、花瓶、扇子等；手工业工具分为木工、纺织、雕刻、编织、印染等行业的特色工具。民间的各种生活器物往往具有实用、质朴的特征，在装饰方面又具有较强的亲和性，当地的民间文化也融入生活器物中，使生活器物同时具备美观性和实用性，且在民俗学等领域具有一定的科研价值。

　　我国是一个多民族的国家，不同民族的人们传承着当地的风俗习惯，使用的生产生活器物各具特色，与当地的习俗和材料之间具有紧密联系。生产生活器物参与各具特色的风俗活动，使用的原材料一般来自当地的自然资源。我国丰富的民族文化又催生出丰富多样、数量庞大、各具特色的生产生活器物，这些生产生活器物与不同民族人们的日常生活紧密联系，使之展现独特的民族文化内涵。通过观察不同民族人们使用的生产生活器物，能够对相应民族的生存环境、审美观念等有一定了解。

我国鄂伦春族生活于东北地区，当地生长着大量的桦树，鄂伦春族使用的很多生产生活器物就是由桦树皮制成的，包括箱、盆、碗等各种日常生活用品。桦树皮制作而成的生产生活器物具有结实耐用、便捷携带、防水防撞等多种优点。鄂伦春族在生存繁衍过程中充分利用当地的桦树皮资源制作各种生产生活器物，桦树皮制品在当地人民的生活中被大量使用，成为适宜当地人民生产生活的工具，并融入当地人们的习俗中，产生鲜明的民族文化特征。鄂伦春族属于游猎民族，其民族文化具有游猎文化的特征，人们生产的桦树皮制品非常适宜游猎民族使用。

我国海南岛黎族聚居地区，人们使用的生产生活器物具有极为鲜明的地域特色和民族特色，当地人仍保留着使用制骨工艺生产制作生产生活器物的习惯，人们使用的生产生活器物很多属于骨器。骨器是人类的重要发明之一。在史前文化中，骨器扮演着重要角色，是史前人类生产生活的重要工具。黎族骨器中的骨簪和骨梳非常精美，当地人用于除草、除灰的骨器为骨铲，用于刺鱼的骨器为骨镖，用于织渔网的骨器为骨梭，纺织机上用的骨器为纬刀，人们用于脱取山栏稻谷的刮器及用于装饰和辟邪的项链等也是由骨器制成的。当地的黎族人将狩猎或家畜宰杀后留下的骨骼进行充分利用，将之制作成骨器。

我国地域辽阔，既有广袤的平原地区，也有很长的海岸线；既有广阔的草原畜牧区，也有庞大的山区森林。生活于不同自然地理环境中的人们创造了丰富多彩的地域文化，人们在生存和发展过程中逐渐与周围环境形成了和谐相处的关系，人们使用的生产生活器物多是就地取材制作而成的，人们的生活习惯与风俗等也与当地的自然环境、气候变化具有紧密联系。生活于平原地区的人们更多依靠耕种土地实现生存与发展，人们使用的生产生活工具具有农耕文化的特征，生活于海边的人们更多地使用渔猎工具。自然资源也会影响人们生产生活器具的制造与使用。例如，生活于盛产棕榈树地区的人们更多使用编织器物作为生产生活器具；边疆草原的狩猎民族使用的生产生活器具多由皮毛制品和骨器制成；在盛产瓷器的地区，人们使用的生产生活器具多由瓷器组成。不同的自然地理环境孕育出丰富多彩的地域文化，生活于不同地域的人们在长时间的社会实践过程中不断积累生存和发展经验，这种经验在不断传承过程中使不同地域的人们生产出各具特色的生产生活器具。这些生产生活器具经过长时间的考验与淬炼，十分适合相应自然地理环境下生活的人们制造和使用，并充分参与人们的各种活动，成为地域文化的有机组成部分。

在农村地区，人们在日常生活中使用的生产生活器具充满乡土气息，并表现出当地独特的地域文化，生产生活器具的材质、功能、造型和纹饰等各具特色，很多生产生活器具由当地的农民制作而成，使这些生产生活器具产生一定的创造性。艺术来源于生活，又高于生活。从艺术的角度来说，人们使用的美用合一的生产器具也属于艺术品，这些民间工艺品透露出质朴的美。这些各具特色的民间生产生活器具承载着浓厚的地域文化信息，成为地域文化不断传承创新和发展的重要载体，并成为地域文化的重要组成部分。人们在接触和使用这些生产生活器具时会进入相应的艺术氛围中，并受到其中地域文化的熏陶，使人们的思想感情等在潜移默化中发生改变。此外，民间生活生产器具的质朴美还能够不断陶冶人们的情操，净化人们的心灵。

三、中国民间工艺美术主要品类介绍

民间工艺美术作品作为地域文化的重要载体，不仅承载着丰富的历史和文化信息，而且代表了当地人民独特的艺术审美和智慧。在地域文化的创新设计中，设计师首先需要深入探索和了解地域文化的精髓，而民间工艺美术是设计师深入了解地域文化的重要依据。这些充满乡土气息和人文关怀的工艺美术作品，不仅能够激发设计师的创意思维，而且是设计师创新设计的重要依据。

民间工艺美术凝聚了世世代代劳动人民的智慧与情感。在地域文化创新设计中，民间工艺美术为设计师提供了丰富多彩的素材和灵感。民间工艺美术涵盖了各种形式和门类，如剪纸、年画、泥塑、绣品等，这些艺术形式充分反映了当地人民的生活习俗、审美观念和历史文化传统。将民间工艺美术的元素和灵感融入地域文化创新设计中，不仅可以使设计更具特色和本土气息，而且可以为设计师提供更广阔的创意空间和思路。

民间工艺美术是世代相传的艺术形式，蕴含着丰富的历史价值和文化价值。然而，随着社会的快速发展和现代化进程的推进，许多传统民间工艺美术正面临消亡的危险。通过将民间工艺美术融入地域文化创新设计中，可以在传承和发扬传统文化的同时，推动其与现代社会的融合和发展。这样不仅可以增强地域文化的认同感和凝聚力，而且可以为传统民间工艺美术注入新的生命力和活力。

中国民间工艺美术的品类繁多，具有浓郁的地域特色和民族风情。以下是几种主要的民间工艺美术品类，这些民间工艺美术品不仅具有独特的艺术价值和审美价值，而且是中国人民世代相传的文化遗产和智慧结晶。

（一）木版年画

木版年画是我国民间广为流传的艺术形式之一，拥有一千多年的悠久历史，年画中历史最悠久的是门神，门神的雏形最早出现在汉代，以"守门将军"的形象出现。唐代以来佛经版画的发展、雕版技术的成熟，以及宋代市民文化的发展，都大大促进了木版年画的发展。北宋时期，专门售卖年画的"画市"逐渐成形，被当时的人们称为"画纸儿"；宋金时期已经出现了精美绝伦的木刻版画，现存最早的木版画就是宋金时期的"四美图"。"年画"一词正式出现于道光年间学者李光庭所著的《乡言解颐》一书中，从此，"年画"的定义被固定下来，具体是指木版彩色套印的、一年一换的年俗装饰品。木版年画的制作过程大体可分为三步，即起稿、刻版、印年画。起稿是指绘制画稿的过程。刻版一般选用杜梨木，画稿的墨线稿首先粘贴在木材上，刻工利用工具将粘贴好的线条雕刻出来，刻工在雕刻期间使用食用油涂版的方式提升雕刻效率，木版经过食用油涂抹变得润泽，从而更加容易雕刻，线条雕刻好后被称为墨线版，之后还需要根据色彩变化雕刻出相应的色版。印年画是指在印好墨线稿之后换不同色版进行套色印制。有些地方还需要通过手绘和描金等方式进行调整，以此提升年画的装饰效果。

清代中晚期，我国民间年画进入鼎盛时期，全国各地的人们都在使用年画，年画的产地多达几十个，年画的内容和形式十分丰富，可以用包罗万象来形容。年画经过不断发展和演变，在民间成为年的象征，成为民间过年时期必备的装饰品。年画在民间的盛行使之成为反映我国民间社会生活的百科全书，具有巨大的文化价值和艺术价值。劳动人民从生活中收集素材，结合自身生活经验及创意创造出题材丰富的年画作品。年画凝聚着劳动人民的智慧，成为劳动人民生活的写照之一，并能够充分表达出广大劳动人民追求美好生活的情感和思想。王树村先生曾对年画题材进行统计，全国各地不同的题材画样多达两千余种，分为神话传说类、风景名胜类、世俗生活类、吉祥喜庆类、讽喻劝诫类等多种类别。

年画根据使用场景的差异，分为喜画、祝福庆画、扇面画、西湖景形式的年画、丈画、玩具博戏类及其他杂画。喜画包括"麒麟送子""龙凤呈祥"等，一般用于新婚人家。祝福庆画包括"利市仙官""百寿图"等，一般用于庆祝开业或福寿吉日。扇面画为夏季年画淡季时补充性的木版印画制品，扇面皆由木版水印的小幅年画构成。西湖景形式的年画也被称为"洋片"，"拉洋片"中的洋片指西湖景形式的年画，以风景为主，有时也采用时事题材。丈画一般用于酒楼、茶园等地，或用作大型横批画。玩具博戏类形式的年画一般用于装饰棋盘、风筝、走马灯等。其他杂画包括各种岁时节日时所用的装饰画。

（二）剪纸与刻纸

从历史文献记载和出土的相关文物来看，我国剪纸至少在1500年前就已经出现。1967年，考古团队在新疆吐鲁番盆地高昌故城遗址附近的阿斯塔那古墓群中发现两张粗麻纸团花剪纸，据考证，该文物制作于402年至589年之间，是我国发现最早的剪纸作品。自汉代造纸术发明之后，到宋代时期，我国造纸业已经发展到相对成熟的阶段，为剪纸的普及提供了物质条件支持。南宋时期已经出现专门从事剪纸这一职业的艺人。剪纸艺术在明清时期达到鼎盛，剪纸与人民生活产生紧密的联系，家庭的各个角落都有剪纸的身影，剪纸成为人民大众十分重要且普遍的居家装饰品。剪纸与其他艺术相互影响，木版雕刻、布匹印染、铜器纹饰、刺绣等都可借鉴剪纸图案，剪纸图案也可从其他艺术领域汲取精华。在当时的社会背景下，女红是妇女需掌握的基本本领，而剪纸技艺则是女红中的基本本领之一。

刻纸与剪纸具有众多相似之处，这两种技艺的最终表现形式完全相同，但是在制作技法上存在一定差异。二者都将纸作为加工对象，最终都以纸表现相应图案。这两种技艺使用的制作工具有所不同，刻纸需要刻刀、垫板、钉子等多种工具，使这两种技艺在制作工艺上产生差异，最终在艺术效果上产生不同的风格。剪纸相较刻纸来说更加注重原创性，受工具的限制较小，最终作品在造型上相对随意；刻纸在制作工具的加持下能够更加精准地对纸张进行裁剪，从而实现剪刀无法达到的艺术效果，刻纸作品往往具有更加细腻的画面效果。

剪纸和刻纸工艺可以细分为多种剪刻类型，如单色剪纸、彩色剪纸、剪贴画、"写衬"等，不同的剪刻类型在技法上具有独特性。单色剪纸分为阳剪和阴剪两种技法。阳剪是指剪去线条以外的块面部分，阴剪是保留块面部分。这两种技法完全相反，最终呈现的艺术效果也完全不同。彩色剪纸是指同一画面上拥有两种或两种以上不同颜色的剪纸，包括染色剪纸、填色剪纸、分色剪纸、套色剪纸等多种类型的剪纸。

（三）皮影戏

皮影戏是一种在民间广为流传的戏曲艺术，属于傀儡戏的一种，拥有十分悠久的历史。皮影戏起源于民间的弄影之嬉，即人们利用影子进行娱乐的活动。在古代，人们对影子具有一定认识，并通过剪影等形式进行娱乐。皮影戏与民间剪纸造型具有一定联系，影戏艺人身处幕帘之后操纵纸制或皮制的影人进行表演，灯光照射影人制造出影像并透映在幕帘上，观众在前面就可以观看影像。同时，影戏艺人利用音乐和演唱等搭配影像进行表演，使表演更加精彩，剧情也更加丰富。皮影戏的产生受汉唐傀儡表演、宋代话本等的影响，集合了多种艺术的特征。

宋代已经出现关于皮影戏的记载，皮影艺人和制作影人的行业组织等皆被记载于相关文献资料中。例如，《东京梦华录》中就记载了"影戏丁仪、瘦吉等，弄乔影戏"等相关内容。到南宋时期，历史文献中关于皮影戏的记录进一步增加。据相关文献记载，宋代已经形成专门雕刻影人的行业组织，并将之命名为"绘革社"。宋代影戏逐渐发展为戏剧形式，且变得更加成熟，对早期戏曲形成产生重要影响。不同地区的影戏与当地的文化融合，将当地的方言俚语、民俗习惯等内容融入影戏内容中，使不同地区的影戏产生地域性特征。在明代，皮影戏受到文人雅士、人民大众的广泛欢迎和喜爱，在村镇和城市中都十分流行。明末清初时期，皮影戏的流行范围更广泛，不同地区皮影戏的地域特征也更加明显。

（四）民间织锦

织锦在很早之前就被古代先民应用于生活中，拥有十分悠久的历史。先秦时期的织锦为多色提花锦，包括"几何菱形纹锦""对龙对凤纹锦""填花燕纹锦"等。汉代时期的提花织锦经过改进后更加精密，织锦上可以织出更加复杂而优美的图案。唐宋之后，手工艺人将金线、银线及各色丝线应用于织锦中，制作出色彩更加艳丽的织锦缎及妆花缎，人们用

"锦上添花"来比喻这种织锦的制作方式。宋末元初，我国的纺织技术得到进一步改进，织锦的制作工艺更加精巧。我国织锦工艺的不断进步受到民族文化、地域文化相互交流的影响，不同民族文化、地域文化在相互交流过程中推动各地织锦工艺不断融合创新，织锦工艺也随之不断进步和发展。

织锦是由丝线或纱线织成的丝织品，上面有花纹或字画的图案。显示花纹的方式不同可以形成不同类型的织锦，纬线显示花纹的织锦属于纬锦，经线显示花纹的织锦属经锦。我国众多的织锦种类中，南京云锦、苏州宋锦、成都蜀锦、广西壮锦被称为传统织锦品种中的四大名锦。我国少数民族也拥有各自的织锦工艺，根据民族的不同，可以将织锦分为苗锦、壮锦、黎锦、傣锦等织锦品种。不同民族文化浸润下形成的织锦种类在花纹图案的选择等方面形成明显的民族风格，不同民族织锦上的花纹图案包含各具特色的花鸟鱼虫、飞禽走兽等，部分花纹图案更是相应民族世代相传留存下来的，民族特色十分浓厚，且具有重要的民俗学和人类学的研究价值。

（五）民间刺绣

民间刺绣是中国民间工艺美术的重要组成部分，在我国各个地区普遍存在，与人民大众的日常生活紧密联系在一起。相较于宫廷文化风格和文人画风格的四大名绣来说，民间刺绣艺术的风格更加随意，并与人民的日常生活融合在一起，更具天然性的创造意趣。

我国传统刺绣的发展历史十分悠久，在四五千年前就已经成为"章服制度"的重要装饰手段。刺绣离不开丝绸等原材料，丝绸等原材料的产生和发展能够促进刺绣的发展。现存最早的刺绣品文物在1958年出土于湖南长沙楚墓中，刺绣品上携带有龙凤图案。在马王堆一号汉墓挖掘出的竹简中记载有"信期绣、乘云秀、长寿绣"三种刺绣名称，证明在当时已经出现程式化的刺绣工艺。相关历史文献中也有诸多关于刺绣的记载，汉代乐府诗《孔雀东南飞》中就已经出现描写刺绣的诗句。随着时间的推移及生产力的发展，相关文献中描绘刺绣的诗句越来越多。刺绣题材使用人物形象的先河开于汉末六朝时期，此后人物形象开始活跃于刺绣题材中。到唐宋时期，文人墨客也参与到刺绣画稿设计中。民间刺绣受到当时社会环境的影响，逐渐向精致化和文人化的方向发展，刺绣也被用于表现诗词境界、绘画和书法等。宋代时期刺绣艺术进一步发展，在民间的普及程度逐渐提升，当时社会中妇女需要具备的女红手艺中就包含刺绣这一项，且在女红手艺中占据较高地位。有文化的富家女子同样会参与刺绣创作，其创作的刺绣作品往往更加精细。明清时期，刺绣商业作坊逐渐兴起，遍及我国各个地区。明代的上海已经出现用针巧妙、极具个人风格的顾绣，也被称为"露香园顾绣"。顾绣绣品多为家庭女红，绣工极为精细，主要绣品为花鸟走兽画幅、画页、手卷等陈设品。顾绣的出现标志着我国传统刺绣逐渐发展为独立欣赏品位的艺术品，而不再只是用于装饰，刺绣从附属性地位逐渐具有独立地位。到清代，全国各地形成了各具特色的刺绣艺术流派，今天被誉为四大名绣的苏绣、湘绣、粤绣和蜀绣，以及北京的京绣、山东的鲁绣、开封的汴绣等都是当时出现的刺绣艺术流派。不同刺绣艺术流派的刺绣在题材选择、用线、针法等方面具有各自的特色，但是当时的四大名绣皆以追求逼真的绘画效果为目标，刺绣艺人手中的针如同画家手中的笔一样，绣制出来的绣品如同绘画创作一般。晚清时期，各地的民间刺绣工艺发展与地域文化紧密联系在一起，形成了各自的地方特色和技艺特色。然而在当时的社会背景下，民间刺绣工艺并没有得到人们的充分关注，所以关于民间刺绣工艺的记录十分稀少。民间刺绣工艺与人民生活完全融合在一起，人民群众自发地、自然地参与刺绣工艺的传承和创新发展过程，民间刺绣工艺得以一代代传承。虽然民间刺绣工艺没有受到人们的普遍重视，但却是我国传统艺术中更富有文化内涵、更具代表性的民间工艺美术品类之一。

民间刺绣使用的刺绣技法主要包括平绣、锁针绣、盘针绣、补花绣等。一般来说，一幅民间刺绣作品常常需要用到多种刺绣技法，不同刺绣技法的相互配合可以产生不同的效果。民间刺绣用于服饰装饰、居室装饰、建筑场所及戏曲服装装饰等，并与岁时节令紧密联系在一起。当岁时节令出现时，相应的刺绣作品也随之出现在人们的生活中，用于表达人们的各种思想和情感等，刺绣作品选择的题材也主要为人们日常生活中常常接触到的各种事物。刺绣是我国女红文化的重要载体，在人民生活中承担着表情达意等作用，是人们之间感情的重要物证。例如，新生儿用品、妻子为丈夫做的定情物等各种物品都使用刺绣工艺，儿童穿的服装、玩耍用的玩具等用品上也使用刺绣工艺，这些物品承载着人们的情感，这些情感又通过刺绣工艺表达出来。刺绣具有浓郁的民俗理念，其中包含的情感十分丰富，刺绣作品使用的题材、创造出来的图案纹样寄寓着人们的情感诉求和理想表达。刺绣作品使用的题材、创造的图案纹样与当地的地域文化同出一脉，人们通过就地取材的方式，从当地的神话传说、历史典故、日常生活图景等内容中汲取创作灵感，最终创造出的刺绣作品成为当地独特地域文化的载体。将人们生活中常常接触的内容转化为刺绣的题材和图案纹样等，能够使人们对刺绣作品感到熟悉和亲切。

民间刺绣艺人可以根据创意灵感进行随意创造，基本不受任何限制，这种特性也使民间刺绣作品显现自由奔放、随心所欲的特点。同时，不同的民间刺绣艺人的手法具有明显的差异，使每一幅刺绣作品都产生较强的独特性及个性化色彩。刺绣在民间十分普及，且受到人民大众的认可和欢迎，过去的很多民歌专门用来描绘妇女们绣活时的情感，如《十二月调》《四季歌》《绣荷包》等民歌作品。

（六）民间印染

中国传统民间印染工艺包括扎染、蜡染、蓝印花布、彩印花布等，这几种工艺的防染技术和印染方法各不相同，使用的工具也各具特色。总体来说，民间印染是以印和染的方法着色、显花的工艺。扎染、蜡染、蓝印花布使用的染料都是从植物蓼蓝中分解提炼而来，其染料名称为靛青，这种染料属于有机染料。人们很早以前便学会使用印染技术，并使用服饰的印染色彩、纹饰等划分等级。秦汉以后，镂空版印花方法已经十分流行。随着生产力的不断提高，印染工艺也不断完善，花色品种越来越多样化。扎染、蜡染、蓝印花布、彩印花布这几种印染工艺具有各自不同的艺术特色，在拥有一定相同点的同时也存在一定差异。

1. 扎染

扎染是一种古老的染色工艺，至今已经流传了一千多年，拥有悠久的历史。扎染使用冷染方法染布，从板蓝根或蓝草中提取植物染料，其防染工艺及图案的设计控制具有独特性。扎染印染出来的花形与蜡染和蓝印花布的效果不同，呈现独特的、不规则的自然肌理效果。扎染艺术品被应用于服装服饰面料、室内装饰等方面，具有素雅大方的特点。我国比较著名的扎染产地包括湖南常德、云南大理、江苏南通等地。

2. 蜡染

蜡染这一民间传统印花工艺在古时被称为"蜡防"，该工艺的防染剂选择蜂蜡或白蜡，艺人使用可漏液的铜刀或竹刀快速描绘图案，融化的蜡液就在布上形成相应图案，然后对画好图案的布进行浸染操作，经过反复浸染后布才能达到深蓝色，浸染周期一般为5~6天，随着浸染时间的增加，布的颜色不断加深。而蜡液形成的图案不会被染色，最终在布上形成相应图案。如果要染出不同颜色深浅的图案，需要分为两次或多次印染，每次印染晾干后，重复印染的步骤。我国当前蜡染技艺保存最完整的地区是贵州苗族地区，当地的蜡染工艺还形成了不同风格，黄平苗族使用单色蜡染工艺制作的图案相对细密，安顺苗族的彩色蜡染更具代表性。苗族蜡染选择的素材多为自然纹，图案多为大花。自然纹是指以自然界中的花鸟鱼虫等作为图案的素材。蜡染艺人在创作过程中随心所欲，画出的图案夸张而生动，线条流畅而活泼。其中鸟的变化在蜡染图案中最丰富，人们的想象力通过图案进行释放，同时，图案还具有简练传神的特点，且具有浓厚的乡土气息。

苗族蜡染的艺术风格是在苗族独特民族文化浸润下形成的。苗族所处的地域较偏僻，与外界的交流相对较少，苗族蜡染使用的图案是苗族妇女一代又一代口传心授流传下来的文化内容，包括苗族创世神话、民间故事等。因此，蜡染使用的图案承载着丰富的民族文化、地域文化内容，是历史学、民族学、心理学、美学等领域重要的研究资料。

3.蓝印花布

唐代时期，人们研究出"碱剂印染法"，并且该方法成为人们加工面料的主要印染方法，军民服装使用的面料都使用此法染成。此时的印染工艺已经达到一定高度，图案绘制已经十分精细，使用的色彩十分丰富，套印的准确度达到一定高度，刻版技艺发展相对成熟。到宋代，中原地区蜡染技术逐渐落后，人们找到新的材料做防染剂，蜂蜡等防染剂被使用的频率和数量逐渐减少。人们利用豆浆和石灰水合成浆料作为新的防染剂，并创造出刮板漏浆染布的方法，蓝印花布的制作工艺随之形成，这种工艺也被人们称为"药斑布"。

4.彩印花布

彩印花布过去在民间流传较广，人们将彩印花布应用于结婚信物和纪念品的制作上。过去在山东鲁南一带，结婚仪式中普遍用到彩印花布，并将彩印花布做成大包袱和小包袱。其中，大包袱用来裹箱柜、衣被等，小包袱用来盖梳妆台等。包袱皮是当时彩印花布的常见用法，因此，彩印花布在民间也被称为彩印包袱。彩印花布的制作工艺相对简单，原料成本相对较低。其制作工艺具体是将镂刻花纹的油纸版平放在布上，一色一版，经过多次印染后就可以印染出多种色彩的布料。其印刷工艺十分简洁，而彩印花布色彩鲜艳，具有良好的装饰效果。彩印花布的种种特点使其深受人民大众的喜爱和欢迎，彩印花布也随之在民间流传开来。

（七）风筝

风筝在以前被称为"纸鸢""纸鹞"等，在我国拥有悠久的历史。关于风筝的起源有很多说法，历史文献中记载了很多风筝在军事方面的应用，如风筝在战争中发挥传递消息等作用。在唐代，人们在鸢首以竹为弦，当风吹过时，竹弦便发出筝鸣之声，因此人们又将其唤作"风筝"。在此之后，风筝的娱乐功能得到进一步开发，风筝也偏向娱乐方面。唐宋时期的很多诗文中就有人们放风筝作乐的记载。宋元时期，风筝进一步流传到北方少数民族地区、西藏地区等。在元代，风筝在民间已经较为普及，放风筝在民间成为人们娱乐活动的重要组成部分。到明清时期，风筝的制作及放飞技巧等得到进一步发展，在一定程度上达到鼎盛阶段，风筝的样式、形制等更加丰富多样。春日放风筝逐渐成为部分地区民俗的一部分，到春天时人们踊跃参与到放风筝这一项目中。进入现代后，科技的迅速发展促进风筝艺术进一步发展，风筝的种类更加多样，技术也得到更新，风筝的功能也进一步拓展，当下时代的风筝被用于装饰艺术、体育竞赛等更多领域。

风筝在当下各个地区仍然是人们常见的物品，其中北京、天津、山东潍坊、江苏南通被称为我国四大风筝产地。这四个产地的风筝相对来说具有更广的知名度，我国其他地区生产的风筝也具有各自不同的地域特色。我国风筝制作与放飞逐渐形成以"四艺"为基础的流程，具体为"扎制""裱糊""绘画""放飞"。不同地区的人们在风筝的制作和放飞流程上基本遵循"四艺"的步骤，但不同地区的地域文化不同，这使不同地区的"四艺"具有不同的地方特色，具体表现在造型、装饰、放飞技巧等方面。例如，江苏南通具有代表性的风筝为板鹞风筝，拥有十分悠久的历史。板鹞风筝的外形十分古朴，风筝上的图案十分精细，鹞面上还装有大小各异的哨子用于发声，哨子数量有时多达数百只，风筝放飞后大小各异的哨子同时发声，不同哨子发出的声音不同，组合起来产生交响乐般的效果。风筝从人们头顶飞过如同机群掠空。藏族地区的风筝为菱形平面，在形态上较单一，但是风筝上的图形较丰富，藏族风筝讲究彩绘图案。例如，藏区人民在风筝两侧使用红黑颜色画出底粗上细的刀形图案来代表英勇老练的汉子，这种图案在藏区被称为"加沃"。

（八）花灯

花灯具有照明作用，也是一种传统节日的应时之物，人们在传统节日或婚、寿的喜庆日子张灯结彩表示庆贺，花灯能够营造一种喜庆的气氛。民间灯彩由皇宫灯彩发展而来，东汉时期的元宵节，宫中就已经出现张灯的习俗。皇宫中的灯也由制灯艺人制作而成，加上"与民同乐"的思想存在，宫灯在盛行后迅速地流传到民间。花灯真正在民间广泛流行的时间大约在隋唐时期，到宋代后，花灯的制作技艺达到较高水准。宋代时期的元宵灯节十分红火，各个阶层的人们都参与到赏灯活动中。当时的统治阶级对市民赏灯采取鼓励态度，并制定相应举措引导市民参与赏灯活动。当时的社会环境为花灯发展提供了良好条件，元宵灯节期间赏灯人数非常多，街上形成人潮涌动的场面。明代时期，元宵节放灯庆贺依然被保留下来，明太祖朱元璋在南京建都后，元宵节时放灯十日，秦淮河上燃放的水灯充满河面，人们的喜悦气氛也被点燃起来。永乐年间迁都北京，正月初八到十五期间的灯市最热闹。清代时期，北京的灯节定为自正月十三至十七日，正月十五为正灯日，放灯依然是庆祝元宵节的重要活动，这一时期灯和市被区分开来，"灯归城内，市归琉璃厂矣"。

古时花灯的题材多为民间故事及禽兽，如鱼、龙、鸟或十二生肖等，期盼风调雨顺，渴望丰收或财运。其种类繁多，有宫灯、龙灯、莲花灯等。制作材料多为竹条、木条、纸、绢。照明用蜡烛、油灯、汽灯等。到了现代，花灯的制作有了时代的特点，逐步走向大型化和组合化。制作材料多用盘条、铁线、竹木、多种彩色花布和其他装饰材料。灯光更是多样化，题材包罗万象，使思想性、艺术性更加完美统一。

（九）木偶

我国木偶艺术在汉代出现，到唐代时兴盛起来，具体是指木偶戏中的木偶人。木偶戏是一种由人操控木偶进行表演的戏剧形式，也被称为傀儡戏。木偶戏可以分为提线木偶、布袋木偶、铁枝木偶等形式。在民间，木偶戏有时也被人们简称为木偶。木偶艺术、木偶戏艺术在我国流传已久，从原始社会的俑中发展而来，属于一种民间雕刻工艺。"刻木为偶，以偶为戏"是对木偶戏的概括。木偶戏使用木偶进行表演，木偶雕刻出来的造型等是表演的组成部分之一。不同的木偶造型可以产生不同的演出效果，且木偶造型受到戏曲规范的影响，公忠者使用正貌，奸邪者使用丑貌。

我国木偶艺术拥有悠久的发展历史，木偶制作工艺逐渐形成一整套严格且复杂的工序，木偶制作使用的工具十分简单。制作一个木偶只需要刻刀、圆锥、手锯、竹刀、画笔、刷子、颜料等工具，却能够完成木偶制作的开胚、定形、细刻、裱纸、粉彩、梳头等众多工序。经过漫长时间的磨炼，木偶造型变得极为生动、形象，原本失去生机的木材经过手工艺人的精心雕琢形成一个又一个富有灵性的木偶。木偶也分成忠奸贤愚、美丑善恶等各不相同的形象，而且能够表达出人类的各种情绪。

我国木偶艺术流传十分广泛，全国各个地区都有木偶戏，而在不同地域文化影响下形成的木偶艺术具有相应地域特色，与当地民俗审美保持高度一致。总体来说，我国北方木偶的造型相对粗犷，南方木偶的造型相对优美精致。

（十）泥塑

我国泥塑艺术以泥土为原料，经过手工艺人的捏制或磕模捺泥等方法制作成形，是一种十分古老且流传广泛的民间工艺美术。泥塑手工艺品以人物、动物为主，有的泥塑作品还拥有多种色彩。泥塑艺术可以溯源到新石器时代，当时的人们已经利用泥土进行创作活动。在史前文化的相关考古活动中明确发现了距今6000—7000年前的泥土制品，如浙江河姆渡文化遗址挖掘出的陶猪、陶羊，河南新郑裴李岗文化遗址出土的泥羊头、泥猪等。到汉代时期，泥塑艺术已经成为一种十分重要的艺术品种，在汉代先民的丧葬习俗中，陶泥偶像是重要的陪葬品，成为泥塑艺术发展和演变的重要历程之一。泥塑艺术在唐代达到十分繁荣的地步，出现了一大批泥塑艺术的杰出代表。在宋代，泥塑艺术依然活跃于人们的生活中，大型的泥塑雕像、小型的泥塑玩具等都得到繁荣发展，并专门有人从事泥人制作这一行业，泥塑作品具有创造经济价值的能力。宋代之后直到民国时期，泥塑作品在社会上的流传依然十分广泛，拥有一定市场。泥塑艺术作品被人们用于观赏陈设，或是作为儿童玩具等。小型泥塑作为玩具在宋代已经开始，且在社会上经久不衰地流行着，全国众多地区发展出各具特色的泥塑艺术，彩绘泥塑也逐渐流行开来。

天津"泥人张"将传统的捏泥人提高到圆塑艺术的水平，其风格十分独特，捏出来的泥人能够长时间保持栩栩如生的状态，不会出现干裂的问题。"泥人张"具有写实风格，以追求真实地再现人物的形象和精神状貌为目标，使用的原料十分讲究，用色简雅而明快。"泥人张"还将绘画技巧运用到泥塑艺术中，使泥塑作品更具趣味性，其泥塑作品的色彩具有柔和雅致的特点。"泥人张"塑造的主要题材包括小说戏曲中的角色、现实生活中劳动人民的形象及民间故事中的人物等，主要作品包括"三国人物""吹糖人""蒋门神"系列等。

陕西凤翔彩绘泥塑艺术拥有长时间的发展和演变历史，从先秦时期到现在已经流传了3000多年，具有十分鲜明的民族特色。凤翔彩绘泥塑传统作品拥有170多个花色品种，包含历史戏剧人物、神话传说人物及代表吉祥寓意的动物形象等。从品种样式上来说，凤翔彩绘泥塑作品分为三种类型，分别为半圆雕、立人和挂片。凤翔彩绘泥塑作品的规格有大有小，造型较粗犷且夸张，同时具有洗练的特点。凤翔泥塑在形态上追求逼真的效果，在装饰方面非常丰满且华丽，形态上给人以可爱的感觉，色彩使用方面十分艳丽，营造出喜庆的气氛。陕西凤翔泥塑还携带一股浓郁的黄土气息，当地的地域文化深深融入泥塑作品中，无论是彩色还是黑白素绘的作品都能够表达出这种独特的地域文化内涵。2002年、2003年，陕西凤翔泥塑作品连续两年被选为邮票设计图案，分别为十二生肖系列中的马、羊，陕西凤翔泥塑随着邮票在全国发行获得巨大的知名度。

（十一）面塑

汉代的一些文献资料中已经出现面塑的记载，我国面塑艺术的历史非常悠久，与我国传统饮食文化之间存在一定联系。宋代《梦粱录》中出现了关于面塑艺术详细的记载，当时的人们在春节、中秋、端午及结婚、祝寿等喜庆的日子使用面塑作品并成为一种习俗。面塑在我国多个地区不断流传，不同地区的人们给面塑起了很多具有特色的称呼，如"面羊""羊羔馍""花馍"等。我国唯一保存下来的唐代面塑艺术品是新疆吐鲁番阿斯塔那古墓中发现的面制女俑头、男俑上半身像和面猪，这一发现标志着我国面塑艺术品在唐代已经达到相对繁荣的地步。清代出现了专门以做面人为生的手工艺人，面塑艺术品在当时具有一定市场。时至今日，我国北方地区仍然保留着面塑技艺。面塑作品在人们的生活中扮演着独特的角色，是部分地区风俗的重要组成部分之一，承载着丰富的地域文化信息。

面塑根据用途的不同，可以分为观赏的面塑和食用的面塑，用于食用的面塑使用生粉、澄粉等原料制成，用于观赏的面塑使用精面粉、盐、糯米粉和防腐剂等材料制成，这两种类型的面塑在制作工艺上也存在一定差异。

用于食用的面塑制作工艺相对简单，北方很多地区每家每户都掌握制作这种类型面塑的技艺，是当地人们生活中常见的食物。面塑手工艺人先利用独特手法将白面制作成面团，然后用生活中常见的剪刀、梳子、菜刀等工具制作各种造型，使面团形成相应的形象特征，手工艺人还使用红枣、红豆等食材进行点缀，增强面塑作品的观赏性。将捏好的面塑蒸熟后，人们还要使用食用颜料进行点缀。这种类型的面塑主要用于食用，还在当地的习俗中承担多种功能。

用于观赏和装饰的面塑制作工艺相对复杂，使用的原料种类更多。手工艺人首先将面粉、糯米粉、防腐剂等加水制作成面团，在面团中分别加入品红、品蓝、品黄、锅烟黑、大白粉后就成为五种色面，然后手工艺人通过揉、搓、剪、压、粘、挑等手法制作面塑，各种形象的面塑就在艺人手中成形，经过点缀之后形成一个完整的面塑，一些人物形象的头发、胡须等使用羽毛、棉花等材料进行表现。

我国北方的众多地区以吃面食为主，包括黄河流域的山西、河南、山东、陕西、甘肃、青海、宁夏，以及内蒙古、新疆等地。山东、江苏、浙江、北京是我国面塑的主要产地，例如，北京的面人十分出名。在这些地区，面塑也被人们通俗地称为"面花""花馍"等。这些面塑在历史发展过程中融入当地的各种习俗中，成为当地风俗信仰的一种象征物，并参与当地人与人之间的礼尚往来过程中，成为人们相互交流、抒发情感、表达诉求的一种媒介，与当地人的生活紧密联系在一起。在当地人们的生活中，面塑作品还可以是一种儿童玩具，人们相互之间也会交流和学习面塑技艺，面塑作品可以展示人们心灵手巧的一面。面塑作品可食，可玩，可看，可用，功能非常多样化，在人们的生活中发挥着重要作用，从古至今不断延续和发展。直到今天，面塑艺术在人们的生活中依然保持着十分旺盛的生命力。

（十二）香包

香包，也称香囊、容臭等，在战国时期已经出现，屈原所作的《离骚》中有形容香包的诗句："扈江离与辟芷兮，纫秋兰以为佩。"辟芷、秋兰等是指香草的种类，佩是指香包，也被解释为佩带的意思。香包在我国流传非常广，是人们非常喜爱的一种饰品，种类和形态非常多变，具有丰富的文化内涵。

以陕西和甘肃地区为代表的西北香包在造型上具有古朴生动的特点；庆阳刺绣香包是一种立体造型艺术和平面刺绣相兼容的纯手工工艺，主要分布于我国甘肃省庆阳地区；针扎香包是甘肃、宁夏等地区的一种香包品种。各个地区的香包在不断传承和发展过程中形成各自不同的地方特色，能够表达出不同的地域文化内涵。总体来说，香包是装有中草药或香料的、用于佩戴的小包，心灵手巧的人还会在香包上绣制各种图案。

端午节佩戴香包是我国一种历史悠久的习俗，端午节在民间也被称为毒日，是指这一天人容易受到外界侵害，易生病、体质较弱的儿童和老人等更容易受到侵害。人们在这一天佩戴香包，用来祈福纳祥、趋吉避凶，具有一定药用或驱虫作用等。这种习俗在民间不断流传，也使香包在民间得到人们的广泛认可，最终一代又一代地流传下来。

（十三）脸谱

脸谱是我国一种非常独特的化妆艺术，同样拥有非常悠久的历史。远古时期人们就开始探索化妆艺术，先秦时期已经出现了脂粉妆，汉代时期的脂粉妆以美化人面为重点，与现在的化妆具有相似之处，这种脂粉妆的化妆手法和化妆形式对脸谱的形成和发展产生了一定影响。到唐、五代时期，当时的乐舞、戏剧中已经出现以粉墨涂面的粉墨妆并流行开来，这种粉墨妆以"扮饰"角色为重点，逐渐展露出脸谱艺术的雏形。经过宋、金、元三代之后，杂剧逐渐成熟并得到大众的认可。杂剧的兴起和繁荣使涂面化妆进一步发展。涂面化妆在杂剧中得到更多的应用，形成了两种基本化妆形式，即"素面"和"花面"。此时杂剧中的化妆形式已经具备了脸谱的基本特征。明中叶到清中叶时期，戏剧脸谱基本成熟，戏剧角色行当的划分也相当完备，剧本创作这一行业变得十分繁荣。戏剧角色行当中与脸谱具有直接关系的为净和丑，随着这两角色在戏剧中的分工不断细化，脸谱艺术也得到进一步发展。清中期以后出现了一批地方剧种，不同的剧种形成了浓郁的地方特色，京剧就是其中的重要代表之一。更多剧种的兴起使脸谱艺术进一步向多样化、精致化、定型化方面发展，脸谱艺术进一步完善。脸谱艺术是一种舞台化妆技术，具有高度的象征性。

第三节　基于民间工艺美术的文创产品创新设计

民间工艺美术作为地域文化的重要载体，是地域文化创新设计的重要素材，基于民间工艺美术的文创产品创新设计是地域文化创新设计的具体路径之一，地域文化可以通过文创产品创新设计重新获得活力，实现在当代的表达和传播，促进地域文化的传承和发展。基于民间工艺美术的文创产品创新设计可以分为两种：一种是基于民间工艺美术传承与发展的文创产品创新设计；另一种是将民间工艺美术元素应用于文创产品创新设计中。

一、基于民间工艺美术传承与发展的文创产品创新设计

民间工艺美术是以农民和手工业者为主的艺术创作，从更严格的意义来说，民间手工艺品是农民和手工业者从事农业生产之外的补充性的生产。农民和手工业者制作手工艺术品以满足自身需求、增加家庭收入为目的。对部分农民和手工业者来说，制作手工艺术品是其主要的生计来源。因此，真正的民间工艺美术与人们的生活紧密贴合在一起，且相对来说更加注重实用性，与农民和手工业者的生存息息相关。如果民间艺人的水平相对较高，可能会被宫廷征用，成为宫廷的御用工匠，此时手工艺人创作的目的发生变化，其创造的手工艺品便难以被称为真正的民间手工艺品。宫廷御用工匠的创造不再随心所欲，也不再顺应传统习俗的需求及民间流行的样式，其创造的作品便不再属于民间手工艺品。

农民和手工业者制作手工艺品还具有以家庭为生产单位的特点，其技艺传承属于世代传承的模式，即师父带徒弟、父传子的模式。民间手工艺品所需要的投资较少，手工艺人学习相关技艺的成本较低，制作手工艺品所使用的材料相对廉价。很多手工艺品以天然材料作为原料，这些原料

甚至不需要进行任何投资便可从其生活的环境中获得。民间手工艺品的低生产成本为其在民间广为流传创造了良好条件,农民和手工业者不需要投入过多资金便可以参与相应手工艺品的制作。一些民间手工艺品在历史发展过程中保留了众多样式并流传于民间,这些样式并不需要收费便可以通过人与人之间的相互交流来获得,使民间手工艺品的设计成本也相对较低。这些样式经过一代又一代的不断传承保留下来,具有丰富的文化内涵和重要的研究价值。同时,农民和手工业者在制作手工艺品时还可以随意发挥和创造,使手工艺品的样式得到不断更新,并变得越来越丰富。民间手工艺品制作和设计的低成本优势在历史发展演变过程中天然产生,促使民间工艺美术广泛流传并得以不断延续。民间手工艺人在较一般的条件下便可以启动生产,一般来说不需要借助外来的人力或资金。民间手工艺人经常依靠个人之力便可以完成相应手工艺品的生产,或一家人共同参与手工艺品的制作或经营活动,生产活动比较自由和随意。农民和手工业者的生产会根据当地传统习俗的需求进行,并自动适应民间流行的工艺品样式,充分满足人民大众的各种需求。人民大众的需求使手工艺品自然拥有巨大的市场,手工艺人不需要刻意寻找市场,民间手工艺品能自然获得充足的生存和发展空间。这种民间手工艺品自然的生存和发展环境对我国当前市场条件下的民间工艺美术传承和发展具有重要启示作用,人们可以从民间手工艺品的延续中汲取经验,进而找到适宜现代民间工艺美术传承和发展的良好途径。

当前,科技的发展和进步对社会环境造成巨大影响。近百年来,人们的生活生产方式发生了翻天覆地的变化,过去几千年来形成的民间手工艺传承和发展方式受到巨大冲击。现代生产生活方式具有专业化、现代化、高科技等特征,过去民间手工艺以家庭为单位的生产方式及师父带徒弟、父传子的技艺传承方式也与当前社会环境不适应,民间手工艺品的市场逐渐萎缩,民间工艺美术的生存和发展条件逐渐恶化。我国当前社会处于文明转型期,生产力、经济结构、发展水平等具有多元化、多层次的特征，我国不同地区人们的生活环境处于快速变化过程中，不同地区人们生活环境的变化程度受自然地理条件的限制。相对偏僻的地区，其发展水平相对较低，人们的生活水平变化相对较小。人们生活环境变化较小的地区，当地民间艺术生存的生态环境变化也相对较小，当地的民间手工艺品市场并未发生较大变化，当地传统民间手工艺传承和发展受到的影响也相对较小。

我国政府重视传统民间工艺美术的传承和发展，制定相关政策为其提供支持和指引。我国很多地区拥有深厚的历史文化底蕴，当地的民间艺术发展源远流长，具有丰富而独特的人文资源、文化艺术资源和传统技艺资源等，有些地区被称为民间艺术之乡。这些地区在政府的支持和指引下开展艺术节或各种展览活动，进而开发和利用本地资源，提升当地经济效益和社会效益。民间工艺美术也在这一过程中获得更好的传承和发展环境。以甘肃庆阳香包节和陕西凤翔开发泥塑玩具为例，当地民间艺术在政府的支持和指引下得到进一步开发和利用，并创造出一定社会效益和经济效益。

我国甘肃庆阳地区的民间刺绣工艺拥有非常深厚的底蕴，当地妇女大多掌握一定的刺绣技艺，当地有在端午节做香包的习俗，绣五毒肚兜也是当地节日的一大特色。当地政府积极开发这一人文资源、传统技艺资源，并将香包作为民间刺绣艺术产品的龙头，将当地独特的手绣工艺资源转化为巨大的社会效益和经济效益，开拓了当地手绣工艺品市场。在政府的引导下，当地举办香包民俗文化艺术节，每个乡都有香包制作者参加展销和订货会，同时还有来自国内外的客商来此看样订货，促使当地香包走向更加广阔的市场。艺术节期间，当地的主要街道摆满了香包摊位，各乡的手工艺人将自己制作的香包展示给前来订货的客商。政府的引导和支持不仅促使当地香包生产行业的规模不断扩大，从事香包生产的手工艺人不断增多，还逐渐发展出一批专门定做香包并对外经营的企业。市场扩大使香包生产的订单增多，以往以家庭为单位的香包生产方式难以满足订单需求，相关生产企业则将手工艺人聚拢起来，集合众人的力量以完成订单任务，进而提高香包生产的经济效益。甘肃庆阳地处我国西北地区，物产资源相对匮乏，高科技企业相对较少，经济发展水平相对较低。当地政府充分利用其丰厚的文化资源、传统技艺资源等，为农民和手工业者探索出一条新的创收致富道路，且为民间手工技艺的传承和发展创造了良好条件。当前社会条件下，工业化进程加快，民间手工艺品市场受到极大挤压，导致民间手工技艺快速衰落，民间传统技艺传承与发展遇到困难。同时，科技发展也为传统技艺的传承与发展提供了新的机遇。现代科学技术的发展使交通条件和通信条件等得到有效改善，文化产业化所需具备的条件越发成熟，传统技艺的传承和发展获得新的途径。不同地区独特的文化资源、传统技艺资源等经过充分挖掘和开发后能够在当代文明转型期拥有巨大的发展潜力。甘肃庆阳香包民俗文化艺术节的成功举办就能够证明这一点，刺绣技艺的成功开发还带动了当地其他民间工艺美术的发展。

陕西凤翔成功开发了当地的传统泥塑工艺，使当地的独特传统技艺适应当前市场经济发展趋势，并使这一传统民间技艺获得复兴机会。当地的民间玩具泥塑连续两年入选邮票设计，使这一民间传统手工艺品获得一定知名度，成为一种火热的旅游纪念品，很多人了解这一泥塑玩具后产生购买意愿。当地多个村镇参与制作传统泥塑玩具的活动，每年向外销售的泥塑玩具数量多达几十万件。这些传统泥塑玩具保留了传统技艺和造型要素，用户接触这一泥塑玩具时可以了解其中的文化内涵和思想感情，并对这种传统技艺产生兴趣。民间工艺美术在当前时代背景下面临生存和发展的危机，民间手工艺品的市场在逐渐萎缩，甘肃庆阳地区的民间刺绣工艺和陕西凤翔传统泥塑技艺的成功开发说明我国丰富的地域文化资源、民间工艺美术资源在当下仍然具有巨大的发展潜力，传统手工艺品依然能够得到消费者的认可和喜爱，传统手工艺品仍然具有一定潜在市场。随着国家对文化建设的重视和人们精神消费需求的不断增长，传统民间工艺美术的价值将得到人们的重视，传统民间工艺美术正在迎来新的发展机遇，基于民间工艺美术传承与发展的文创产品创新设计成为当下时代创造经济效益和社会效益的新途径。

我国民间工艺美术跟随时代发展不断创新,在当前新的时代背景下获得新的发展机遇。以传统手工技艺为根本,融合现代科学技术和设计理念可以实现基于民间工艺美术的文创产品创新设计。无论是甘肃庆阳的香包,还是陕西凤翔的泥塑,以传统手工技艺为根本的民间工艺美术都可以结合现代科学技术和设计理念进行创新,创造出适宜现代消费者审美的文创产品,香包上可以绣制出符合现代消费者审美的图案,泥塑可以制成符合现代消费者审美的模样等。传统民间工艺美术结合现代科学技术和设计理念进行创新,可以使传统民间工艺美术进一步适应当下时代的市场需求,从而使传统民间工艺美术在当代重新焕发活力,促进传统民间工艺美术在当下时代的传承与发展。

二、民间工艺美术元素应用于文创产品创新设计

将民间工艺美术元素应用于文创产品创新设计与基于民间工艺美术传承与发展的文创产品创新设计之间的区别在于,将民间工艺美术元素应用于文创产品创新设计并不需要遵循民间工艺美术本身。例如,将陕西凤翔传统泥塑应用于邮票设计中,只需要使用陕西凤翔传统泥塑的图片即可。民间工艺美术元素可以与生活中的各种物件自由组合,组成文创产品。基于民间工艺美术传承与发展的文创产品创新设计则需要维持民间工艺美术本身的形态,利用陕西凤翔传统泥塑进行文创产品创新设计的作品依然为泥塑,而不会变成其他形态。

以陕北民间工艺美术元素应用于文创产品创新设计为例。陕北民间工艺美术包括剪纸、农民画等。陕北剪纸拥有悠久的历史,与当地人们的生活紧密相连,极富陕北地域文化色彩及当地人们的生活气息。剪纸艺术在陕北地区广泛流传,被人们用于岁时节令的装饰、婚丧寿诞的纸花等。陕北剪纸使用的题材包括古今人物、花草树木、鸟兽动物等,具体包括表现男女相爱、幸福美满的"蛇盘兔、扣碗"和表达人们崇拜生命之情的

"抓髻娃娃"等。陕北农民画同样拥有悠久的历史,当地的人们将其用于箱柜、灶台、炕围等,用于丰富人们的生活,陕北农民画具有手法大胆、色彩鲜活、充满想象力的特点,十分讲究构图、透视、明暗、人物比例等,富有生活气息。陕北剪纸、陕北农民画等民间工艺美术长期扎根于人民生活中,成为陕北地域文化的重要载体,陕北地区的人民群众会利用剪纸、农民画等民间工艺美术进行创作,通过剪纸、农民画等艺术形式来表达思想情感,其中一些设计精巧、拥有美好寓意的作品流传开来,受到人民群众的认可和欢迎。在长期的历史发展进程中,一些优秀的、受到人民群众认可的民间工艺美术作品代代相传,成为具有当地特色的民间工艺美术作品。这些作品凝聚着当地人民群众的智慧,表达着当地人民群众的思想情感,有些作品甚至成为当地的一种独特标志。陕北民间工艺美术元素资源十分丰富,可以作为文创产品创新设计的素材。以陕北剪纸、陕北农民画为例,二者的民间工艺美术元素包括人们创造出来的各种图形符号、色彩语言等,陕北剪纸、陕北农民画作品中使用的独特图形和色彩搭配应用于文创产品设计中,可以将陕北地域文化融入文创产品中,使陕北地域文化通过相关文创产品得到表达和传播,文创产品设计也将变得更加丰富多彩。将陕北剪纸作品"抓髻娃娃、蛇盘兔、扣碗"的图形印刷在杯子上,或应用于服装设计等方面,则可以借助陕北民间工艺美术元素创造出各式各样的文创产品。

将民间工艺美术元素应用于文创产品创新设计的方式多种多样,符号化设计、利用地域文化视觉元素等方式都属于此类,具体设计方式在以下章节进行讲述。

第四章　地域文化背景下文创产品符号化设计

在我国社会、经济稳定持续发展的情况下，人民生活水平不断提升，消费方式也随之发生相应转变，人们越来越重视精神文化消费，愿意将时间花费在精神文化消费上。人们消费方式的转变促使市场发生相应变化，文化产业发展获得市场支持和政策支持等，社会各界力量投入文创产业的发展中。在国家相关政策的支持和引导下，全国各省、自治区、直辖市大力支持地方文化产业，地域文创产品发展迅猛，我国文创产品的种类和质量迅速提升，各类地域特色文创产品设计层出不穷。我国文创产品设计在理论与实践方面不断探索，积累了大量经验，获得了众多研究成果。同时，文创产品的市场繁荣景象吸引大批缺乏理论研究和实践经验的投机者进入，造成市场上出现大量伪文创产品，导致文化认知偏颇和文化误传等不良现象产生。这些投机者大多在盲目跟风的情况下加入文创产业中，在制造相应文创产品时常常出现照搬表层文化、忽视文化内核的选择性、设计简陋、闭门造车等问题。这些文创产品在表达和传播地域文化方面存在一定问题，也难以获得市场认可，最终使大量伪文创产品出现滞销。

我国地域文化资源十分丰富，几千年来的历史传承与发展为文创产品设计提供了巨大支持，充分利用这一资源对解决文创产品设计出现的问题具有重要作用，对我国地域文化资源进行提取重构、凝练创新显得尤为重要，地域文化背景下文创产品符号化设计是充分挖掘和利用我国丰富地域文化资源的重要途径。

第一节　地域文化背景下文创产品符号化研究现状

本节首先对符号化设计、文创产品设计理论研究现状展开阐述，随后结合北京故宫文创产品具体阐述我国地域文创产品现状，最后阐述地域文创产品符号化研究的意义。我国地域文创产业发展良好，具有京城地域特色的故宫文创产品是我国地域文创产品设计的成功典范之一，北京故宫文创产品设计同样使用符号化设计方法。

一、符号化设计与文创产品理论研究现状

（一）符号学与设计学科结合的理论研究

符号学理论相关研究受到世界各地众多学者的关注，经过近百年的发展成为一门较成熟而系统的学科。在符号学发展过程中，各个学派相互讨论、相互竞争、相互交流，不断发现并解决新的问题，符号学的疆界也不断拓展。中西方学者在符号学研究方面的成果和进度有所不同，西方学者在符号学研究方面相对成熟；中西方学者在研究方向上也存在一定差异，中方学者结合中国传统符号学遗产展开相关研究，并将其补充进现代符号学理论体系中，符号学发展方向更加多样化，符号学理论体系更加完善。符号学与设计学科可以结合，中西方学者积极展开符号学和设计学科相结合的研究，并将理论具体应用于实践中，使符号学理论产生更加巨大的跨学科价值。符号具有联系和创造文化的作用，是设计的重要源泉和基因。艺术设计可以分解为一个个视觉符号，这些符号能够充分展现艺术设计的思维痕迹和创意的基因。宗白华在《美学散步》中讨论民族符号设计的问题，指出中国艺术具有哲学之美和含蓄之美，中华文化可以通过提炼和解构融入文创产品当中；符号学与文创产品相结合，利用民族符号设计相关文创产品，可以使文创产品形成独特的、来自各个民族的产品设计意

境，使文创产品展现出不同的民族文化及文化背后的人文关怀。西方学者苏珊·朗格在《心灵：论人类情感》中对符号学、心理学和人类学等多种学科展开交叉论证研究。马德琳·谢赫特创作了《符号学与艺术理论：在自律论和语境论之间》一书，从符号学角度出发解释艺术与文化符号的关系，提出所有艺术都是绝对产出行为符号或绝对自我确认行为符号的直接反映，艺术与文化符号之间的理论界限被打破。艺术与文化符号紧密关联，艺术与设计、美学学科一脉相承，是人类文化的重要特征之一，因此，符号学与设计学科之间存在密切联系。

（二）文创产业与文创产品设计的相关概念

我国政府十分重视文化建设活动并制定相关政策，为我国文创产业发展提供了充足的政策支持和保障。我国众多学者积极响应国家号召，展开对文创产业发展的研究，如从文创产业经济发展、文创产业管理、文创产品设计等方面展开分析和研究。

文创产品从文化产业中逐渐孕育出来，随后经由创意产业得到进一步发扬。文化产业拥有多种定义，其中联合国教育、科学及文化组织为文化产业做出的定义为："需要结合创意、生产与商业价值的内容，从内容上看，文化产业可以被视作创意产业。"文化作为人类在历史发展过程中体力劳动和脑力劳动创造出来的物质财富与精神财富的总和，是人类活动的总体描述。因此，文创产品具有传递文化的作用，属于一种特殊的创意产品。

文创产品设计以文化为核心，丰富的、多样化的文化资源与设计师的创意相结合，可以使文创产品成为文化的载体，促进文化的表达和传播。同时，文创产品可以为消费者提供多样化的选择，满足消费者个性化的精神需求和审美需求。消费者使用文创产品时会与产品产生情感交互，文创产品所蕴含的文化能不断熏陶和感染消费者，发挥陶冶消费者情操、净化消费者心灵等功能，文化则通过产品得以进一步传承和发展。现代产品向高度集成化和一体化发展，而现代产品生产效率不断提升的同时也产生同质化的问题，使现代消费者的选择减少，人们多样化、个性化的消费需求难以得到满足。多样化的文创产品在现代社会获得巨大的市场潜力，丰富的地域文化资源可以为文创产品设计多样化奠定基础。对文创产品设计来说，如何在丰富的地域文化资源中进行选择，如何将文化与产品紧密融合在一起是两个关键问题。设计师需要结合产品语境，选择适宜的设计载体来表达适宜的地域文化，最终创造出能够满足消费者个性化消费需求的文创产品。

随着消费者个性化消费需求的不断增长，文创产品受到市场的青睐，吸引社会各界力量投入文创产业中；关于文创产品设计的研究也快速增加，呈现宽领域多维度发展的态势，以地域文化为核心的文创产品设计研究受到普遍关注，结合地域文化资源开展文创产品设计成为一种潮流。地域文创产品符号化设计则立足于文化，地域文化与当下时代深入融合，能够有效促进地域文化在当下时代的创新与发展。地域文创产品符号化设计在促进地域文化现代化发展的过程中能够有效增强地域文化的多样性，从而为地域文创产品研发提供更加丰富的内容。地域文化的创新发展又可以反过来促进地域文创产品的形式创新，使地域文创产品设计进一步实现现代化发展。

（三）国内文创产品符号化设计研究现状

我国文创产品的开发设计仍处于理论分析、实践开发的初级阶段，相关理论研究并不成熟，理论与实践的结合也处于探索阶段，优秀的、受到市场广泛认可的文创产品相对较少。符号是有关意义的研究，文化是一个社会相关意义活动的总集合，因此，文创产品符号化设计具有坚实基础。文化中包含的各种"意"能够被提取出来并实现符号化，这种提取出来的符号又能够应用于文创产品设计中。

与其他类型的产品相比，文创产品更加强调情感与文化属性的表现，强调用户在使用产品的过程中自然产生相应内心情感认知，强调产品与用户之间的互动。不同生活经历、心理状态的用户会与文创产品产生不同的互动，形成具有个性化特色的内心情感认知。文创产品的设计与制造是一个化无形为有形的过程，文化将通过产品具体地表达出来。符号学理论的内涵与文创产品设计都将文化价值和情感认知作为核心，拥有一定共通性和契合点。文创产品符号化研究能够进一步提高民族文化的传递性，找到更加高效、适宜的民族文化传递路径，促使文创产品的价值得到进一步开发。

我国社会、经济等方面稳定发展，政府制定相关政策支持文创产业发展，促使我国文创产业高速发展。同时，国外文创产业的发展也十分迅速，国内外文创产业相互交流、相互影响，在设计思路和开发策略方面具有一定相似之处。文创产品设计与开发的研究方向逐渐从注重视觉美感和形式功能逐渐转变为准确、深刻地传达文化意义。当前，文创产品的设计和开发更加重视理解消费者的情感并引发消费者产生情感共鸣，从而实现提升产品归属感和附加值的目的。

符号学近几年在我国迅速发展，众多学者展开跨学科研究，促使符号学理论不断拓展，符号学理论的包容性变得更强，可能性变得更多。符号学的发展为文创产品符号化设计提供了更加系统、有效的方法论。文创产品设计的重要目标是表达文化内涵和思想情感。符号作为意义的载体能够承担文化内涵、思想情感等各种信息，符号学的发展可以增强符号承载和表达信息的能力。符号可以将文化中无形的"意"转变为具象的符号，使文化中的"意"更加准确、生动地表现出来。因此，文创产品符号化设计可以促进文创产品文化内涵和思想情感的表达。

二、地域文创产品发展现状

地域文创产品是结合地域文化资源进行设计的产品，其发展现状受到地域文化资源、市场需求等多方面因素的影响。目前，我国地域文创产品的发展呈现出以下特点：其一，地域文化资源丰富，但开发利用程度不够。我国拥有丰富的地域文化资源，如传统文化、民俗文化、地方特色文化等，但这些资源的开发利用程度还比较低，缺乏深度挖掘和创意性开发。其二，市场需求不断增长，但产品供给不足。随着消费者对个性化、特色化产品的需求不断增加，地域文创产品的市场需求也在不断增长。然而，目前市场上优秀的地域文创产品相对较少，无法满足消费者的需求。其三，设计师缺乏对地域文化的深入理解。地域文创产品的设计需要设计师对地域文化有深入的理解和掌握，但目前一些设计师在这方面还存在不足，导致设计出的产品缺乏地域特色和文化内涵。其四，政府支持力度不够。虽然政府对文创产业的发展给予了一定支持，但对地域文创产品的具体政策支持力度还不够，需要进一步加强政策引导和扶持。

文创产品的发展以文化为核心，我国文创产品的发展以中华优秀传统文化为核心，我国各省、自治区、直辖市积极推动文创产业发展，除受到国家相关政策的引领外，人民弘扬中华优秀传统文化的热情同样是促进社会各界力量涌入文创产业的重要影响因素。民族文化具有巨大的感召力，是文创产品获得市场认可和欢迎的底层逻辑。

2021年9月23日—27日，第十七届中国（深圳）国际文化产业博览交易会在深圳国际会展中心举办，并引起人们的广泛关注，新华社发表《文博会"新国潮"：创新传承优秀传统文化》，其中阐述了"产品要想获得持久生命力，需要在对传统文化认知、理解的基础上，进行提炼萃取，与实用性相结合，同样要融入世界文化元素"的观点。优秀传统文化的传承与发展需要在新的时代背景下实现进一步的创新，使之在新的时代背景下焕发出新的生机。文化软实力是一个国家综合实力的重要组成部分，提升文化软实力对一个国家的发展来说具有重要作用，而促进优秀传统文化的传承、创新与发展是提升一个国家文化软实力的有效方法和必要手段。文创产业的创新发展对优秀传统文化传承、创新与发展来说具有不可忽视的重要作用，世界各国文创产业在全球化背景下相互交流、相互学习，世界各国之间的文化也随之相互交流与相互影响。

我国地域文创产业拥有巨大的潜力，正处于蓬勃发展时期，市场对优秀地域文创产品的需求快速增长，优秀的地域文创产品层出不穷，其中较为"出圈"的文创产品是具有京城地域特色的故宫文创产品。下面以北京故宫博物院的文创产品开发和设计为切入点来对我国地域文创产品开发和设计的前沿状况展开具体讨论。

北京故宫博物院成立于1925年，至今已发展近一百年，是我国国家一级博物馆。北京故宫博物院的藏品数量达到180多万件（套），根据藏品质地与形式的不同，可以划分为25个大类，其中的珍贵文物很多，参观博物院的游客可以从中感受到故宫文化的源远流长及中华文明的悠久和璀璨。北京故宫博物院数量多、质量高的藏品为文创产品开发奠定了坚实基础。同时，北京故宫博物院成立时间较久，在文创产品开发和设计方面拥有较深厚的积累，这使北京故宫文创产品的开发和设计突破了简单的复制阶段，已经进入更加复杂和多元的维度。

北京故宫博物院从2007年开始展开相关文创产品的开发和探索，在此之前，北京故宫博物院关于文创产品的开发主要停留在纪念品阶段。北京故宫博物院与设计公司、高等院校等单位展开合作，共同参与到北京故宫文创产品的设计和开发过程中，使北京故宫文创产品研发获得充足的人才支持。2007—2015年，北京故宫文创产品数量发展到9000多种，为北京故宫博物院创造了超过10亿元的经济收入。同时，北京故宫文创产品的设计与研发积累了丰富和深厚的经验，使北京故宫文创产品研发和设计的思路更加开放和清晰。北京故宫文创产品基本上包含故宫元素、实用性和审美性这三种要素，使北京故宫文创产品充分满足用户的个性化消费需求。

北京故宫文创产品的开发模式主要有两种：第一种模式是自主研发，如"故宫""紫禁城"系列是北京故宫博物院独立自主研发而成，并在此基础上衍生出一系列产品，最终形成一定品牌效应；第二种模式是与其他组织机构进行合作，具体包括设计公司、高等院校等组织机构。北京故宫博物院与这些组织机构相互交流，共同研发相关文创产品。北京故宫文创产品研发除去专业设计外，还可以从民间收集创作灵感。例如，北京故宫文创产品在研发之前，可以利用网络征集意见的方式，收集消费群体及其他来自民间的各种研发意见或创意等，然后创作者可以结合消费群体的意见及民间创意开展北京故宫文创产品研发工作。北京故宫文创产品在研发完成后需要进行销售，而产品定价同样需要结合不同消费群体进行调整，并创造出满足不同消费群体的文创产品。

产品进入市场后，在得到消费者认可的情况下才能产生更大的市场价值。文创产品同样需要经历市场的考验，在得到消费者认可后才能真正使其商品属性得到充分释放，最终创造出来的文创产品才能产生合理的收益。当创造出来的文创产品无法得到市场认可时，则该种文创产品的研发难以取得合理的收益。因此，文创产品的发展还需要考虑产品的宣传推广和营销渠道等方面。在当前新媒体和互联网时代背景下，产品的宣传推广和营销方式更加多样化，微信、移动终端App等都具有宣传和销售产品的功能，产品的宣传推广和营销需要从线上和线下同时展开，并不断推动线上、线下产品宣传推广和营销的相互配合，如此才能使当前时代背景下文创产品的宣传推广和营销取得良好的效果。从文创产品宣传推广方面来说，北京故宫文创产品宣传采用故事宣传等多种方式展现故宫的悠久历史。例如，北京故宫博物院与洛可可科技有限公司合作研发了一系列文创产品，将故宫的猫作为创作的基本元素，使这一系列的文创产品具有良好的记忆点，并使故宫文化以具象化的方式展现在消费者眼前。故宫的猫是从故宫文化中淬炼提取和重构出的一种文化符号，而在宣传推广过程中，宣传人员还赋予故宫的猫以有趣而生动的故事，使这一系列的文创产品引起消费者的注意，并提升消费者对该系列产品的亲切感和熟悉感，从而有效增加消费者对该系列文创产品的购买欲望。从营销渠道方面来说，北京故宫文创产品拥有线上和线下两种销售方式，线上销售方式在当前时代背景下有效扩大了产品的销售范围，为世界各地的消费者提供了便利，也促进了故宫文创产品销售数量的增长。

北京故宫文创产品发展取得良好成果，也为地域文创产品设计和开发提供了一种思路。北京故宫文创产品的成功使众多力量加入地域文创产品研发和销售领域，大量文创产品涌现到市场上，地域文创产业发展势头十分迅猛，但地域文创产品的质量参差不齐，地域文创产业发展仍需进一步探索与完善。一些跟风加入文创产业的组织或机构往往没有明确而坚定的目标，一般采用照抄"模板"的方式，缺乏创新精神和意识，且容易在发展过程中失去方向，抵抗风险的能力明显不足。这些组织或机构不仅在文创产品的研发方面容易陷入迷惘，最终创造出来的产品还容易产生民族文化误传、文化传播偏颇等问题。地域文创产品的研发和制造在当前人民精神消费快速增长的背景下具有良好的发展潜力，如何打造能够准确、深刻地表达和传播地域文化的优秀文创产品是当前市场参与者需要探索的重要课题。地域文创产品要准确、深刻地表达出地域文化的内涵和其中蕴含的思想情感，要使文创产品产生独特的民族魅力，并充分展现出地域特色。要想达到这一要求，地域文创产品的研发要真正立足于地域文化，深挖地域文化的内涵和思想情感等，并将文化内涵与消费者审美需求、消费需求等充分地有机结合在一起，从而使地域文创产品兼具实用性、审美性和地域文化内涵，使产品真正满足消费者的各项需求。在此基础上，地域文创产业才能持续健康发展，为地域文化的传承、创新和发展提供有力支持，提升一个国家的文化软实力。

三、地域文创产品符号化研究的意义

文创产品的开发和设计正面临如何将民族文化传统与现代设计有机融合的问题，在当前科技迅速发展的时代背景下，文创产品设计需要符合科技发展潮流，充分利用科技发展带来的种种优势，使文创产品具有时代特征，并进一步提升文创产品的实用性和审美性。地域文创产品设计采取现代设计理念和方式，可以使产品产生科技感和现代感，但地域文化的表达仍然是地域文创产品的重中之重。因此，地域文化表达和现代设计理念在文创产品设计中的有机融合十分重要。文创产品中地域文化表达与现代设计理念的有机融合要创造出新的价值意义，而不是简单的二者叠加。二者在相互融合中会产生传统地域文化与现代设计理念的相互碰撞，能够表现出新旧时代的变化和反差。如何使地域文化表达和现代设计理念融合达到这种效果，是人们在地域文创产品研发中需要考虑的问题。不同地域文化的内涵和承载的历史文化之间存在一定差异，将携带不同地域文化的符号应用于文创产品设计中，可以使地域文化与产品相融合，从而使设计出的文创产品发挥表达和传承地域文化的作用。地域文创产品符号化研究是要实现文创产品表达和传承地域文化，以及创造相应商品价值的目标。地域文创产品符号化研究的意义可以从以下几个方面体现出来。

（一）表达地域特色

文创产品的核心是文化，产品中的创意是指挖掘、利用和提升文化价值的途径和方式，文创产品中的文化与创意相辅相成，使文创产品既具有表达和传承文化的功能，也能够使产品产生较高的商品价值。文创产品是文化的重要载体，具有促进文化表达、传播和创新发展的作用，文化的丰富内涵为创意的形成提供基础支撑。语言和文字是人们创造出来的最典型的符号表达方式，人们利用语言和文字指代自然界中或日常生活中存在的各种事物，进而完成意思表达和情感交流等多种活动。人类在体力劳动和脑力劳动过程中都离不开符号的使用，社会发展、经济发展和文化发展等都与符号学息息相关。因此，符号学是研究文化表达和传播的重要依据。文创产品以文化为核心，符号学思路也成为文创产品研发的重要思路之一。

莫里斯在其专著《指号、语言和行为》中提出"符号携带意义具有指向性并且可以被感知"的观点。符号作为人们表达自我观点和交流情感的重要工具，在文化价值传递过程中作为主要载体存在。人们早已注意到符号在人类社会发展过程中的重要作用和意义，并展开相应分析和研究，最终形成符号学。世界各地的学者积极展开对符号学的研究和探讨，使符号的价值和作用越来越清晰地展现在人们面前。符号学具有跨学科价值，这也决定了符号学能够为文创产品研发提供巨大助力。文创产品设计可以运用文化符号，使文创产品在表达意义和情感时更加通俗易懂，更加容易使用户建立记忆点，可以使文创产品获得更高的艺术价值、审美价值及文化传承价值。同时，文创产品还必须具备一定的实用性，使之满足消费者在日常生活中的某种需求。

人是一种符号性生物，将世界符号化是人的一种本能，人的行为受到各种符号的引导，人的思想和情感通过符号进行传播。在文创产品设计中，文化符号的使用具有表达和传播文化的作用，能够产生文化传播价值，文化符号中携带的信息对消费者具有引导意义，且可以对消费者产生一定的感染力。文创产品设计在运用文化符号时，不应仅仅利用文化符号吸引消费者的注意力，而应立足于文化，深入理解文化背后的内涵、历史、思想情感等，使文化符号充分沉淀下来，并与现代设计、时代观念等紧密结合在一起，使文创产品设计中传统文化与现代设计理念的相互融合产生相得益彰的效果，使传统文化与新时代接轨。同时，文化符号的充分积淀还能够使消费者对文化符号中蕴藏的思想和情感产生更加强烈的共鸣，使消费者真正从心底认可和接受文创产品中的文化，对文创产品表达和传播的文化产生兴趣。对于地域文创产品设计来说，文化符号的充分积淀还能够更加充分地表现出地域文化的特色。

以甘肃省地域文创产品为例，文创品牌"东方密语"与甘肃省博物馆共同打造了众多文创产品。其中以甘肃省博物馆镇馆之宝"马踏飞燕"为原型，结合现代设计理念创造出的符合当下消费者群体的"小绿马"毛绒玩偶最为成功。这一文创产品具有金鸡独立的造型，将文物"马踏飞燕"的正面形象展现出来，利用创意进一步开发出文物"马踏飞燕"的资源价值，并得到市场的广泛认可。"马踏飞燕"本身较高的知名度可以起到一定的产品宣传效果，"东方密语"文创团队的创意在表现"马踏飞燕"文物特征的同时满足了年轻消费群体的消费需求，以搞怪方式登场的"马踏飞燕"玩偶受到年轻消费群体的喜爱，能够为消费者带来一定的情绪价值，使年轻人在奋斗之余也能够从生活中感受到轻松和愉快，用当下流行的说法就是具有良好的"治愈"效果。

　　"马踏飞燕"的真实名字为"铜奔马"，"小绿马"毛绒玩偶以"马踏飞燕"为原型，使甘肃省的独特地域文化以符号化的形式展现出来。"东方密语"文创团队通过淬炼、提取、重构等方式创造出具有甘肃地域文化特色的文化符号，然后利用创意将现代设计等与文化符号相融合，最终创造出能够表达甘肃地域文化特色的文创产品。这一文创产品具有向用户展现甘肃省地域文化历史脉络、促进甘肃省地域文化符号系统构建、促进甘肃省地域文创产品符号化传播等多种功能。甘肃省地域特色、地域文化、历史底蕴等信息通过相应的地域文创产品得以准确、深刻地表达出来，并实现进一步传播和发展。因此，地域文创产品符号化研究具有表达地域特色的作用。

（二）促进形式创新

　　地域文化在历史长河中逐渐形成和发展，同一地域不同历史时期的地域文化也会产生一定差异。地域文化所处的环境会随时间发生各种变化，并引起当地人类活动的改变，当地的民风民俗等都会随之发生改变，使当地的人们形成具有地域特色的审美及文化，也使地域文化具有多样性。生产力的发展促进民族融合，推动全球一体化发展，不同地域文化的交流和碰撞日益频繁，导致地域文化面临快速的发展和变化，地域文化与当下时代特征的融合成为一种趋势。我国传统文化在新时代背景下快速发展，并焕发新的活力，使传统文化实现持续健康发展，我国地域文化呈现百花齐放的姿态。通过开展地域文创产品符号化研究，可以有效促进文创产品研发和设计的形式创新，也是进一步促进地域文化与当下时代接轨的有效举措。

　　当前我国地域文创产品研发存在同质化、文化表层化等问题，地域文创产品符号化研究既可以丰富文创产品研发和设计的形式，也可以丰富文创产品的种类和形式，解决产品同质化、文化表层化等问题。符号学拥有较强的跨学科性，目前符号学跨学科领域取得了一系列成果，许多领域与符号学存在联系，符号化与文创产品设计之间的关联紧密。地域文创产品符号化研究可以为文化符号的建构提供支持，促进文创产品符号化设计形式创新。

在文创产品的设计中，文化符号的使用不仅是为了表达和传播文化，而且是为了推动文创产品的形式创新。文化符号可以作为文创产品的设计元素，通过巧妙地运用符号的象征意义、文化内涵和艺术表现力，创造出具有独特魅力和吸引力的文创产品。例如，中国传统文化中的剪纸艺术，其独特的艺术形式和丰富的文化内涵为文创产品设计提供了灵感。设计师可以将剪纸艺术的符号化元素与现代设计理念相结合，创造出具有创新性和实用性的剪纸文创产品。这些产品不仅可以展现剪纸艺术的独特魅力，也能够满足消费者的审美需求和使用需求。

此外，地域文创产品符号化研究还有助于挖掘和提炼地域文化的独特性。每个地域都有自己独特的文化传统和历史背景，这些文化的独特性是文创产品创新的重要来源。通过对地域文化的深入研究和挖掘，设计师可以从中获取独特的文化符号和创意元素，创造出具有地域特色的文创产品。例如，西藏地区的唐卡艺术是一种具有鲜明地域特色的文化符号，其精美的画面和丰富的文化内涵深受消费者喜爱。设计师可以将唐卡艺术的符号化元素与现代设计理念相结合，创造出具有西藏特色的文创产品。这些产品不仅可以展现西藏文化的独特魅力，也能够满足消费者对西藏文化的精神需求。

综上所述，地域文创产品符号化研究不仅可以表达地域特色，也可以促进文创产品的形式创新和地域文化的独特性挖掘。通过深入研究和挖掘地域文化，设计师可以获得更多的创意灵感，创造出具有独特魅力和实用性的文创产品，推动地域文化的传承和发展。

（三）传递文化自信

文化在时间长河中不断流传，是一个国家、一个民族赖以生存和发展的重要基础。人们不断从文化中汲取营养，更好地走向未来。没有文化作为支撑的国家或民族，难以持续健康地生存和发展下去，而文化自信是一个国家或民族的文化持续传承和发展的重要力量。我国政府十分重视文化建设，明确指出文化自信是一个国家、一个民族最深沉、最基本和最持久的力量。

在全球一体化浪潮的冲击下，各个国家、民族的文化产生交流与碰撞，部分国家或民族的文化在这股浪潮的冲击下甚至面临消亡的风险。因此，在当前时代背景下，树立和传递文化自信对一个国家或一个民族来说具有至关重要的作用。

中华文化历经数千年，穿越重重艰难考验而一代一代流传下来，除中华文化本身优秀之外，也离不开生活于中华大地上人们所具有的强烈的文化自信。在全球一体化的大背景下，我国始终坚持对外开放的基本国策，以积极开放的态度批判性地学习与接纳其他国家的优良文化。但是，外来文化也会对我国文化造成一定影响，甚至造成一定侵蚀。因此，树立文化自信对我国持续健康发展具有重要意义，是当前时代背景下我国实现与世界融合的重要基础。

符号学具有较强的跨学科性，它如同一个功能强大的工具，能够帮助其他学科实现进一步的发展和完善。在地域文创产品设计与研发领域，符号学同样可以发挥出较强的工具性，并能够帮助地域文创产品更好地与时代接轨，发挥其表达和传播地域文化、传递文化自信等作用。用户在使用优秀地域文创产品时，会不自觉地受到其中蕴藏的地域文化的熏陶和感染，并对其中的地域文化产生兴趣和热爱，从而树立文化自信。我国地域文创产品的设计与研发需要以我国优秀传统文化资源为根本，深挖地域文化。从符号学角度出发深入展开地域文创产品符号化研究，利用符号学这一工具构建相应符号系统，使文创产品中的地域文化以更加通俗易懂、具有感染力的符号形式呈现给用户。对于国内的用户来说，以我国优秀传统文化为根本的地域文创作品，不仅可以增强用户对我国地域文化的理解和认知，还可以激发用户的民族自信心并向其传递文化自信。

第二节 地域文化背景下文创产品符号化设计原则与方法

文化符号具有驱动消费和引导消费者认知的作用，地域文创产品符号化可以使其承载更多信息，并进一步增加地域文创产品的文化价值等。与其他种类的产品相比，地域文创产品具有更加明确的消费导向和承载力。将文化符号与地域文创产品相结合，能够进一步强化文创产品的消费导向功能、信息承载及信息传达等功能。地域文创产品符号化设计需要解决如何有效提取文化符号并将其融入文创产品中等一系列问题，简单来说，文创产品符号化设计要使文化符号转化为艺术品或商品。同时，文创产品符号化设计还需要考虑传统文化与现代文化的融合等问题。地域文化背景下文创产品符号化设计，能够为地域文化表达和传播提供新的途径，使地域文化得到更加充分的表达，并促使文创产品在一定程度上映射出时代审美及人文关怀等。

一、地域文创产品符号化设计原则

（一）观照民族审美，体现地域个性

文创产品具有促进文化表达、传播和创新的作用，同时具备实用性、审美性等特征。文创产品设计遵循"观照民族审美，体现地域个性"的原则，有利于促进民族多元发展，充分展现民族个性，进一步实现中华民族地域文化的融合发展。同时，拥有充分地域文化特色的产品，更容易吸引消费者的注意力，激发消费者的购买欲望。文化作为文创产品的核心，地域文化在文创产品中的充分表达能够赋予产品强大的生命力，这种文创产品在市场上将获得持久而强大的竞争力。

具体来说，地域文创产品设计需要深入挖掘民族所处地域的文化特色

及民风民俗景象，从而准确找到不同民族文化、不同地域文化的特征及其差异。经过淬炼、提取、重组等一系列操作，民族文化或地域文化的文化符号被提炼出来。文创产品符号化设计就是将这些文化符号与不同文化背景和时代需要的文创产品有机融合到一起，使文创产品进一步实现"观照民族审美，体现地域个性"的目标。

（二）赋予象征意义，表达民族愿景

文创产品能够使原本的产品获得更高的附加值，具有承载文化象征意义的功能。因此，文创产品成为赋予象征意义和表达民族愿景的重要载体。民族文化或地域文化具有较强的象征意义，这种象征意义需要借助符号被人们更好地接收与传播。因此，符号化设计有利于将民族文化或地域文化的象征意义融入文创产品中，并使之被用户感知到。同时，通过文创产品将传统文化与现代潮流结合在一起也更加简单。这样创造出来的文创产品会得到更多消费群体的喜爱，也更容易成为市场上的热卖产品。年轻人将更容易接受文创产品中的文化符号，并理解相应民族文化或地域文化背后的内涵等。用户在使用文创产品的过程中会潜移默化地受产品中蕴藏的文化的影响，深刻理解文化背后各种象征意义及人民共同的美好愿景。赋予文创产品象征意义，使其能够充分表达民族愿景是地域文创产品应遵循的设计原则。"赋予象征意义，表达民族愿望"这一原则具有促进民族文化或地域文化向外传播和民族融合自治的作用，有利于民族文化或地域文化的充分表达、传播及持续健康发展。

以广西民族博物馆与广西中医药大学第一附属医院等联名推出的草药香囊和纪念胸针等文创产品为例，文创团队从广西当地的民族文化中淬炼提取相应文化符号，然后将提取出来的文化符号与文创产品有机融合在一起。文创产品草药香囊上的文化符号是从广西壮族"麽乜"中提取而来的。"麽乜"是壮族人民在端午节时用于辟邪解毒、安神镇惊、招百福、除凶秽等的香囊，其造型为"人抱龙珠"的样式，香囊整体为人形，"人"的怀中抱有一颗"珠子"。这一文化符号与中草药香囊相结

合，二者都以追求人的身体健康为主题，实现文化符号与中草药香囊的有机结合，使草药香囊在具有一定审美性和实用性的基础上，能够表达和传递出壮族的独特文化，以及祈求安康、远离疾病和灾祸的民族愿景等。文化符号与文创产品的融合，使文创产品获得更强的地域象征性，为地域文创产品设计提供了新的思路，使文创产品多样化发展获得有力支撑。该系列文创产品将民族文化或地域文化与中草药学相结合，实现了民族文化或地域文化的跨领域输出和跨传统输出，使民族文化或地域文化获得新的传播载体和表达方式，从而使文创产品发展道路得到进一步拓宽。

（三）挖掘文脉根基，激发时代认同

文创涉及的范围非常广，其范围至今仍然难以完全清楚地界定，这使文创产品拥有非常丰富的种类。一般来说，包含文化象征含义的产品都可以称作文创产品。在文创产品定义十分宽泛的情况下，文创产品研发和设计可以从各种角度出发，而我国文创产品市场同质化、文化表层化等问题的出现，则说明我国当前文创研发队伍存在对消费群体理解不够、对文化理解不透彻、缺乏对文化根基深入挖掘等问题。这些问题必然导致文创团队在研发和设计文创产品时容易出现以模仿其他文创产品设计为主、缺乏独立自主设计的问题，最终设计出来的文创产品容易出现同质化、文化表层化等问题。同质化的、浮于表面的文创产品必然难以满足消费群体的审美需求，难以激发消费群体对产品产生时代认同感，最终将使文创产品失去市场竞争力。因此，"挖掘文脉根基，激发时代认同"是地域文创产品符号化设计需遵循的重要设计原则。

文化所蕴含的意义具有复杂多变的特征，需要借助符号学的指向性才能更好地从中提取出文创产品设计需要的、有用的部分，并使文化通过文创产品稳定输出给该产品的消费群体。同时，文创产品符号化设计还可以促进民族文化或地域文化与当下时代特征的有机结合，进而有效推动民族文化或地域文化的表达、传播和创新发展。例如，潮玩文创便是传统文化与现代潮流之间的完美融合。现代潮流可以与传统文化之间产生奇妙的

"化学反应"，让人们获得丰富、奇特的文化体验，并使传统文化的传播和发展获得新的机遇。因此，传统文化与现代潮流之间绝非处于相互矛盾的状态，二者的有机融合反而能够促使潮玩文创带给人们更加良好的购物体验，进一步满足人们的审美需求等，传统文化也将随着潮玩文创产品的销售得到更大范围、更深程度的传播。人们在使用优秀的潮玩文创产品时会受到产品所蕴含优秀传统文化的感染和熏陶，从而使人们的心灵得到净化，使人们的情操得到陶冶。对于文创产品来说，丰富的、优秀的文化资源是潮玩文创设计的素材宝库，为潮玩文创设计的多样化奠定基础，潮玩文创产品的种类也将变得丰富多彩。潮玩文创产品同样是文化中各种意义的载体，潮玩文创可以向消费者展现文化所蕴含的独特意义，加深消费者对相应文化的理解和认识。

（四）依托人文映射，搭建符号互动

在地域文创产品的设计中，人文映射和符号互动是相辅相成的设计理念。通过人文映射，可以将地域文化和民族特色融入产品中，使产品具有地域性和文化性；通过符号互动，可以将具有代表性的符号或元素融入产品中，使产品具有象征意义和互动性。这种设计方法可以让消费者在使用产品的过程中，感受到产品所代表的地域文化和民族特色，同时也可以通过与产品的互动来理解产品所代表的文化和意义。

《辞海》（第七版）将人文定义为"人类社会的各种文化现象"。人文是人类文化中先进、科学、优秀、健康的部分，具体是指先进的价值观和行为规范等。文化是人类适应自然或周围环境过程中形成的与其生活相关的知识或经验。文化既包含与人们外在生活息息相关的衣食住行等方面，也包含人们内在产生的心理、意识或思维活动。符号是文化的基础，价值观是文化的核心，人们研究文化时，将人的习惯、行为规范等作为重要研究对象。相应地，人们在分析和研究代表人类社会各种文化现象的人文时，需要深入分析和研究民族群体或一定地域内人类群体的价值观、习惯和行为规范等。文创产品可以表达文化，是文化的集中体现。文

创产品符号化设计过程中需要淬炼、提取和重构文化符号，文创产品设计在提取文化符号、表达文化、传递文化等过程中需要基于人文特征进行创作。在此基础上设计出来的文创产品能够映射出相应人文特征，能够更好地实现文化的表达和传递，并能够搭建起符号互动。

以旅游文创纪念品的设计为例，设计师可以将当地的地标建筑、历史人物、民俗文化等元素融入纪念品中。在依托人文映射、搭建符号互动的基础上，游客在使用纪念品的过程中可以感受到当地的文化氛围和特色；通过与产品的互动来理解当地的文化和意义，从而产生对相应文化的认同感和归属感。

例如，根据陕北剪纸作品"抓髻娃娃"建构完成的文化符号可以表达陕北地区人们的生命崇拜，这种人文特征可以通过建构的文化符号来表达和传递。利用建构出的文化符号可以设计出各式各样的地域文创产品，如服装、背包等。携带陕北人文特征的文创产品可以构建出特殊的文化场景，消费者在使用相关文创产品时就会进入该文化场景中，与陕北地区的人文特征产生互动和交流，最终促使陕北地域文化得到表达和传播。

总之，在地域文创产品符号化设计过程中，"依托人文映射，搭建符号互动"这一原则可以让消费者在使用产品的过程中感受到产品所代表的地域文化和民族特色，同时也可以通过与产品的互动来理解产品所代表的文化和意义。这种设计方法不仅可以提高产品的附加值和市场竞争力，还可以让消费者在使用产品的过程中获得更加丰富的文化体验和精神享受。

（五）纪念性与实用性相结合

不同消费者购买文创产品的动机并不是单一的，消费需求的不同可以直接影响消费者的购买意愿和购买动机。有的消费者更加注重文创产品的实用性，有的消费者更加注重文创产品的纪念性，而大部分消费者更加倾向于购买兼顾纪念性与实用性的文创产品。文创产品符号化设计应遵循纪念性与实用性相结合的原则，使文创产品满足更多消费者的消费需求，从而有效提升文创产品的市场竞争力，激发消费者购买文创产品的意愿。

（六）时代性和创新性相结合

人们对新事物会产生好奇心并产生追求新事物的动力。对于现代年轻消费群体来说，面对琳琅满目的文创产品时，他们更愿意购买具有新鲜感的产品，并愿意深入探索产品的文化内涵。年轻消费群体追求和探索新事物的动力更足，文创产品注重时代性和创新性相结合，能够有效吸引年轻消费者的目光，激发消费群体产生对文创产品的探索动力。

不同时代，人们的审美标准各不相同。人们的审美需求和审美观念在不断变化，这促使流行元素不断兴起和衰落。几年前的流行元素到现在可能落伍了，一成不变的文创产品设计必然难以满足人们审美需求的变化，并导致相应文创产品在市场上失去竞争力。因此，文创产品符号化设计需要结合时代特性不断进行创新，使文创产品不断获得不同时期独特的时尚，文创产品将自然形成当下时代特征。

传统文化中的精巧技艺或独特文化内涵是文创产品吸引消费者的一个重要方面，同时，时尚感强的高科技文创产品也能够对消费者产生独特的吸引力。地域文创产品符号化设计遵循时代性和创新性相结合的原则，能够促使这两个方面相结合，有效提升地域文创产品对消费者的吸引力，更好地满足不同消费群体的审美需求。

（七）注重市场导向

市场导向对文创产品设计来说十分重要，契合市场导向的文创产品设计更容易获得市场的认可，使产品更快地占领市场。注重市场导向要求文创团队对消费群体想要的文创产品展开调研和分析，从而精准把握不同消费群体的审美需求和消费需求等。市场需求是文创产品开发设计的重要指导，文创团队在调研分析时还需要深入研究消费者的心理。文创团队通过市场调查和分析能够掌握国内外人们对文创产品的需求情况及消费需求等，文创团队结合市场调查结果可以更加及时地通过创新改进产品或调整产品结构等，使文创产品开发更加符合市场需求。目前文创产品市场中，生活化、实用化、便捷性强的产品受到更多消费者的欢迎。市场变化如同一股巨大的潮流，顺应这一潮流的产品才能获得更强的市场竞争力，成为市场上更受欢迎的产品。当前我国文创产品符号化设计应促进产品走生活化、实用化、便捷性强的发展道路。

二、地域文创产品符号化设计方法

地域文创产品符号化设计要将淬炼提取出来的文化符号应用于文创产品设计中，本小节主要介绍五种文创产品符号化设计方法，即形的套用、抽象化处理、转化改良、隐喻与创造意义。其中，前四种设计方法相对简单，最后一种创造意义的设计方法要求文创产品创造出新的文化，因此其相较前四种设计方法来说相对复杂。下面按由易到难的顺序依次对这五种文创产品符号化设计方法展开讨论和阐述。

（一）形的套用

1.形的套用的特点

形的套用是一种简单的地域文创产品符号化设计方法，是指在设计中直接套用文化符号的外在形式，保留原有符号的识别特征，将文化符号与产品载体进行直接结合。这种方法能够直观地表现文化符号的外在形象，强调符号的视觉冲击力和直观性。例如，在陕北剪纸文创产品的设计中，可以将抓髻娃娃等文化符号的形象直接应用于产品的外观设计，使消费者通过产品外观就能直接感受到陕北地区独特的文化气息。形的套用设计方法相对简单，适用于一些对文化符号要求不高的产品设计，产品开发周期相对较短。

形的套用这一设计方法在文创产品开发中具体表现为文化符号在产品上的直接应用。这种设计方法在提取文化符号时难度最低，速度也相应更快，从而能够缩短文创产品开发周期，促进产品盈利能力提升。二维或三维的文化符号数量众多，设计师能够很快地从中找到与产品开发相符合的应用元素，直接套用的形式能够进一步提升产品开发速度。在当前文创产品市场中，运用这种设计方法开发出来的文创产品数量最多，占比最大。这种设计方法可以直接表现相应文化元素，产品受众在接收相应信息时也更加直接，从而使设计中表达的文化内涵能够更容易被用户理解和接受。

2.形的套用的设计方法

二维的或三维的，只要拥有具体的、固定形状的文化符号都可以使用形的套用的符号选取，同时，有"形"的文化符号涵盖范围也最广。因此，这种设计方法相对简单，符号选取相对容易，设计师应用这种方法的频率总体较高，以这种设计方法为主设计出来的文创产品数量在整个文创产品市场上占比最大。

形的套用这一设计方法还可以进一步细分为缩放、二维转印、符号立体化及转变材质和色彩等方法。其中，缩放的方法具体是指将二维或三维的文化符号进行等比例的扩大或缩小，使之保留原本的文化符号特征，其中表达的文化内涵及思想情感等也相对具有较强的还原性。文化符号经过缩放后直接应用于文创产品设计中即是形的套用中缩放的设计方法。二维转印的方式具体是指将文化符号统一进行平面化处理，使用类似照片的形式将其融入文创产品设计中；或者删掉文化符号的内容，只保留代表文化符号特征的轮廓，以这种类似剪纸的方式将文化符号进行平面化处理，并运用于文创产品设计中。这种方法可以使一些立体的文化符号更加简洁地运用于文创产品设计中。符号立体化的方法具体是指将平面的文化符号进行立体化处理，从而实现平面文化符号的立体化呈现。在此设计方法中，平面文化符号为基本元素，设计师可以选择整体或一部分进行立体化处理，通过想象将其应用于文创产品中。平面文化符号拉伸等方式也属于符号立体化的设计方法。转变材质和色彩的方法具体是指通过改变二维或三维文化符号的材料或色彩的方式进行文创产品设计。在这两种方法中，文化符号的表现内容、结构、比例等特征一般不会改变。

（二）抽象化处理

1.抽象化处理的特点

抽象化的处理方式，即将文化符号进行抽象化处理，以更加简洁、概括的方式表达其内涵和特点。这种设计方法相对于形的套用要复杂一些，要求设计师具备更高的审美素养和设计能力。

抽象化的处理方式可以通过对文化符号进行简化、变形、归纳等手法来实现。例如，可以将一个复杂的文化符号简化为一个简单的几何形状，或者将一个具有代表性的文化符号进行变形，以更加生动形象的方式呈现出来。此外，还可以通过对文化符号的归纳和总结，将其核心特征进行抽象化的表达，以更加简洁的方式呈现出来。

抽象化的处理方式在文创产品设计中应用较少，因为其难度较大，需要设计师具备更强的设计能力和审美素养。但是，如果能够运用得当，这种设计方法可以创造出更加独特、简洁、具有代表性的文创产品，同时也能够更好地传达文化内涵和价值观。

2.抽象化处理的设计方法

对文化符号进行抽象化处理的重点在于对文化符号共性的提炼，与符号学中"言语"和"语言"的把握存在相似之处。文化符号的"言语"是文化内涵的外在表现形式，通过具体的细节表现出来，是一种可以被人们直观观察到的表象层级的符号。这一文化符号的外在表现形式可能由多种具体细节构成，但不同细节之间具有一定差异，文化符号的色彩、体积、材质等可以被人们直接感知到的具体细节便属于文化符号的"言语"。文化符号的"语言"是文化共性的体现，是某一类文化元素的构成系统。对文化符号进行准确而合理的分类是提炼文化符号"语言"的关键。不同的分类方法可以使相同的一组文化符号形成多种分类。分类需要以某种共同特征为依据，依据不同，最终形成的分类就会产生一定差异。一组文化符号的表象背后可能具有多种共同特征，这组文化符号的分类就可以实现多样化。在对文化符号分类时，需要透过文化符号的表象找到其背后隐藏的各种共同特征，这一过程需要设计师通过思考和总结来完成。例如，人们对形式迥异的多个种类的青花瓷进行分类时，会发现不同种类的青花瓷拥有多种多样的造型、用途，且瓷器上的纹饰精巧、图案丰富。不同种类的青花瓷特色鲜明，给人以异彩纷呈的直观感受，从特点鲜明的、不同种类的青花瓷中寻找其表象背后的共性元素则难以理清头绪。分类者需要对大量的青花瓷进行仔细观察及深入思考和总结，只有这样分类者才能真正透过表象找到不同种类青花瓷所具有的共性因素。例如，不同种类的青花瓷需要经过烧制完成，都以白色为底结合单色绘制图案而成等。通过进一步深入观察、思考和总结后，人们还可以发现不同年代的青花瓷具有各自不同的共性元素等。共性之中存在一定细小的区别，而细小的区别中也存在一定共同点，找到的共性元素越多，能够完成的分组越多。文化符号的"语言"是指文化符号表象背后隐藏的各种原理性、规则性的共性。

某类文化符号一定存在某种共性元素，这种共性元素往往无法具体表现出来，此时需要使用抽象化的形式表现此类具有共性的文化符号。抽象化的手法在隐藏符号具象细节方面具有一定优势，这种优势使其在体现表层文化符号背后隐藏的共性时相对容易，抽象化的手法是将这种共性进行总结和概括。

文创产品设计运用抽象化处理的设计方法，倾向于选择通过一定工艺制作出来的物品或是在某种文化背景下人们约定俗成的生产生活方式等作为文化符号。这些被选择的文化符号可以是具象的，也可以是抽象的，但是必须与周围事物产生一定联系，从而确保这些被选择的文化符号背后拥有一定的共性元素。这些被选择出来的文化符号经过抽象化处理后，可以从中提炼出一定共性并通过文创产品表达出来。这种提炼出来的类别性文化元素共性与文创产品相结合，能够呈现给相应的消费受众，用户在使用此类文创产品时可以从中了解更加全面的文化内涵，对产品表达的文化内涵形成整体上的把控。

在文创产品设计中，抽象化处理的设计方法不仅被广泛运用，而且具有非常重要的作用。通过抽象化处理，文创产品能够更好地体现文化符号的共性，让消费者在使用过程中感受到更加全面的文化内涵。

例如，在中国的传统文化中，龙是吉祥、权威的象征，龙的形象在各种文化符号中都有体现。如果对龙的形象进行抽象化处理，可以提炼出其威严、神秘、富有力量的共性元素，这些元素可以与文创产品相结合，呈现出更加具有代表性的中国文化内涵。

具体来说，抽象化的处理方式可以通过以下几种手法来实现。

（1）简化：对文化符号进行简化处理，去掉烦琐的细节和装饰，只保留其基本的形状和特征，以更加简洁、明了的方式呈现出来。

（2）变形：对文化符号进行变形处理，以更加生动、形象的方式呈现出来。例如，可以对一个具有代表性的文化符号进行夸张、扭曲、折叠等变形处理，以更加突出其特征和形象。

（3）归纳：对文化符号进行归纳和总结，对其核心特征和精髓进行抽象化的表达，以更加简洁的方式呈现出来。例如，可以将一个复杂的文化符号归纳为一个简单的几何形状或线条，以更加概括的方式表达其特征和内涵。

（4）几何化：对文化符号进行几何化处理，以更加现代、简洁的方式呈现出来。例如，可以对一个具有代表性的文化符号进行几何化的变形处理，以更加突出其特征和形象，同时也能够赋予产品更强的现代感和时尚感。

抽象化的处理方式需要设计师具备较高的审美素养和设计能力，同时也需要充分理解文化符号的内涵和特点。通过这种设计方法，设计师可以创作出更加独特、更具艺术价值的文创产品，同时也能够满足消费者的审美需求和个性化需求。

（三）转化改良

1.转化改良的特点

转化改良是一种较灵活的文创产品符号化设计方法，通过对文化符号进行转化和改良，对原有符号的内涵和形式进行巧妙转化和融合，使其与现代消费者的审美观念和消费需求相符合。转化改良的设计方法要求设计师在保留文化符号识别特征的基础上，对其进行巧妙的改动和创新，以实现产品的实用性和市场竞争力。例如，在扬州剪纸文创产品的设计中，可以对传统剪纸的图案和形式进行转化改良，结合现代消费者的审美需求和消费习惯，开发出更加新颖、实用和便捷的剪纸文创产品。

文创产品不仅要具备文化内涵，还要符合现代审美趋势和设计潮流。因此，设计师需要在保留文化符号核心特征的同时进行转化改良，使文创产品既具有传统文化符号的影子，又符合现代审美需求。转化改良的设计方法要求设计师在深入了解文化符号的基础上进行巧妙改良，在保留原有特征的同时增加新的元素和创意，使文创产品更易于被受众接受。这种设计方法需要一定的创意能力和审美能力，但能够使文创产品更具时尚感和吸引力。

文创产业在当前时代背景下蓬勃发展，我国社会、经济等方面的稳定持续发展为文创产业发展提供了良好的环境，加上我国政府对文化建设、文创产业的支持，促使社会各界纷纷加入文创产业。例如，全国各地越来越多的博物馆开始加入文创产品的开发和销售中，文创产品的种类和数量迅速增长。但是，我国文创产品开发过程中产生了同质化、文化表层化等问题，消费者容易对这些文创产品失去新鲜感。这些问题的产生是文创产业发展必须经历的一个过程，只有不断解决发展中的各种问题，才能使文创产业实现高质量、可持续发展。在当前文创产品开发市场中，许多文创团队在开发过程中盲目跟风发展相对成熟的文创产品设计，或是将选择好的文化符号融入文创产品设计中时主要使用形的套用的设计方法，缺乏对文化符号背后隐藏的深层次的文化内涵进行深入了解和挖掘，导致文创产品所表达的文化容易出现片面化的问题。这种开发现状导致当前市场上缺乏优质的文创产品。形的套用设计方法使用相对简单，在文化符号的选择、提取等方面具有一定优势，是多种设计方法中最能直接表现相应文化元素的设计方法。尽管这种设计方法拥有诸多可取之处，但是这一设计方法在当前文创产品开发中的滥用，使文创产品开发的手法变得相对单一，最终创造出来的文创产品出现同质化、文化表层化等问题。使用转化改良的设计方法能够有效增强文创产品的创新性和市场竞争力，丰富文创产品的种类，解决文创产品开发同质化、文化表层化等问题。转化改良的设计方法通过对文化符号进行深入了解和分析，挖掘其深层次的内涵和特点，并对其进行巧妙转化和改良，使文创产品既具有传统文化符号的影子，又符合现代审美需求和消费习惯。

2.转化改良的设计方法

转化改良的设计方法可以帮助人们重新认识文化符号。文化符号是构成文化系统的重要组成部分，不同的文化符号具有不同的作用，是文化系统的局部表现。不同文化符号之间相互关联，对文化符号进行重新组合，可使其产生新的文化内涵。例如，一座古代建筑由众多建筑构件组成，可以将这个古代建筑看作一个文化系统，这些建筑构件如同一个个单独的文化符号，不同的建筑构件具有各自特有的功能，将众多建筑构件重新组合，最终构成一座完整的建筑，并使这一建筑体现新的意义。这些建筑构件也可以被视为各自独立的文化符号，这些文化符号相应地产生相互联系并实现相互组合。不同建筑的建筑构件的组合方式有所不同，建筑构件组合方式的不同能够反过来影响这一建筑的功能等。一座单独的建筑也可以被视为一个独立的文化符号，这些符号相互组合后又会形成宫殿群这一文化系统。因此，文化符号与文化系统之间可以相互转化。从不同角度来看，同样的事物具有文化符号、文化系统两种"身份"。

人们在设计文创产品时，需要选择与产品相适应的文化符号，在选择过程中，人们经常会忽略单独文化符号的意义，而更多关注文化符号之间的相互联系。如果单独看不同的文化符号，会发现每一个文化符号都具有独特的意义与各自的特色，其美感和艺术性也具有独特性。而当人们过于在意文化符号之间的相互联系时，文化符号本身的独特性就容易被忽视。当人们放下已有认知，以婴儿般的、单纯的视角看文化符号，符号之间的相互联系就会减弱，而人们对单独文化符号的理解就会得到拓展，人们个性化、创造性的思维甚至能够赋予独立文化符号以新的意义，对文化符号的功能和作用展开联想和想象，这一文化符号在人们的想象或联想作用下产生新的功能。设计师可以将自身对独立文化符号新的理解与想象等融入文创产品设计中，使文创产品设计更具创新性，更容易使用户产生新鲜感及趣味性。这种思维方式具有一定的颠覆性，文化符号原有的功能和作用会发生颠覆性的变化，人们对文化符号习惯性的解读将被打破。在这种情况下，文化符号本身的表象特征虽然得到保留，但其表达的意义产生了巨大变化。此时，文化符号与文创产品的结合，可以使用户从文创产品中感受到强烈的差异，进而对文创产品产生好奇心和进一步深入了解的兴趣。这样的文创产品更容易受到消费者的青睐，获得更强的市场竞争力，最终实现文创产品质量与销量的提升，使文创产品开发进入良性循环。例如，我国传统建筑构件"户对"原本用于门楣之上，形状为柱形，属于我国文化系统中末端的文化符号，平常并不为人们所关注。通过转化改良的方式将这一文化符号运用于文创产品设计中，保留"户对"本身的造型，将其设计成一个笔筒，使"户对"本身的功能发生巨大转变，消费者在使用该类文创产品时就会感受到这种功能转变，并从中感受到趣味性。

在文创产品设计中，转化改良的设计方法不仅需要设计师对文化符号进行深入了解和研究，还需要他们结合现代审美和消费需求进行巧妙的转化改良。这种设计方法不仅可以保留文化符号的识别特征，还可以通过添加新的元素和创意，使文创产品更具时尚感和吸引力。在具体的实践中，可以从多个角度入手，如对文化符号的形状、色彩、材质等方面进行转化改良。例如，在中国的传统陶瓷文化中，青花瓷是一种具有代表性的文化符号。在文创产品设计中，可以对青花瓷的图案和形式进行转化改良，结合现代消费者的审美需求和消费习惯，开发出更加新颖、实用和便捷的陶瓷文创产品；也可以对青花瓷的材质进行改良，采用现代材料和技术手段，创造出具有更高实用性和市场竞争力的文创产品。

使用转化改良形式的文创产品设计方法，选择文化系统末端的文化符号更为契合。转化改良形式的设计方法以产生不同文化内涵的强烈对比为目标，能够有效提升文创产品的趣味性。设计时选择的文化符号还应具有一定的功能作用，广大消费群体要对该文化符号具有一定认知与了解，才能在使用文创产品时发现文化符号表达文化内涵的改变，从而感受到文化符号所表达的不同文化内涵的强烈对比。这些选取出来的文化符号在原先功能作用发生改变后，形成的新功能更容易与文化符号原先的功能产生对比。

转化改良是一种灵活、创新的文创产品开发方式，它能够将传统文化符号与现代设计相结合，创造出具有独特魅力的文创产品。通过这种设计方法，设计师可以更好地呈现文化内涵，满足消费者的需求，推动文创产业的持续发展。在当前的文创产品开发中，转化改良的设计方法已经得到了越来越广泛的应用。然而，要实现文创产业的持续发展，设计师还需要不断探索和创新，不断提高自己的设计能力和审美素养，以创作出更加优质、更具创新性的文创产品。同时，政府和社会各界力量也需要积极支持和推动文创产业的发展，为文创产业提供更加良好的环境和条件。

（四）隐喻与创造意义

1.隐喻的特点

隐喻是指通过彼类事物的暗示，使人对此类事物产生感知或联想的行为，是一个由彼及此的过程。彼类事物在隐喻中被称为喻体，此类事物在隐喻中被称为本体。隐喻是利用一定的喻体表达本体，最终强调的是本体。隐喻的这一特征与文化内涵通过外在形象体现内在精神的形式具有异曲同工之妙，二者都强调表象之下内在的体现，都经历由彼及此的过程。文化内涵中内在精神需要以外在形象为载体才能真正体现出来。

文创产品开发运用隐喻的方法，可以传递更深的文化内涵，此时需要选择适合的外在文化现象作为喻体，其表现的内容依然为具体的文化现象，但是隐喻表达的本体并不一定是具体的文化形象，消费者可以通过其外在文化形象来感知或联想其背后精神层面的文化内涵。这种设计方法向消费者传递的信息不再只是表象的文化符号，而是可以使消费者对外在表象展开深入的思考和联想等，促使人们对该表象文化符号在特定文化环境下的形成或使用原因展开思考，消费者接收到的文化内涵也将更加深入。

隐喻也是一种常见的文学修辞手法，通过将一个事物比喻为另一个事物来传达更深的含义。在文化符号的应用中，隐喻同样扮演着重要的角色。通过隐喻，文化符号可以传递更深层次的文化内涵。

例如，中国的传统建筑构件中，常常使用龙、凤、狮子等动物形象来装饰建筑。这些动物形象不仅具有装饰作用，还隐喻着人们对动物的崇拜和信仰。同时，这些动物形象还代表着不同的文化含义，如龙代表权威和尊贵，凤代表美丽和吉祥，狮子代表勇气和力量。

在文创产品设计中，设计师可以通过隐喻的方式将这些动物形象的文化内涵融入产品设计中。例如，将龙的形象融入一把椅子的设计中，通过隐喻的方式传达出权威和尊贵的文化内涵；或者将凤的形象融入一款首饰的设计中，通过隐喻的方式传达出美丽和吉祥的文化内涵。

隐喻不仅可以传递文化符号中更深层次的文化内涵，还可以增强文创产品的趣味性和吸引力。通过隐喻的方式，设计师可以在文创产品中创造出意想不到的惊喜和趣味性，让消费者在使用产品时感受到更多的文化内涵和情感共鸣。

隐喻是一种重要的文化符号应用方法，可以帮助设计师传递更深层次的文化内涵，增强文创产品的趣味性和吸引力。在文创产品设计中，设计师应该灵活运用隐喻的方法，将文化符号与产品设计相结合，创造出独具魅力的文创产品。

文化包含物质和精神两个层面，其中精神层面的文化会根据时间的流逝而发生一定程度的改变。人们要想了解过去的、精神层面的文化，需要通过现存的、当时人们生活的痕迹进行深入思考，从而在脑海中对当时人们精神层面的文化进行还原，最终提升对这一精神层面文化的了解和认知。内在精神也需要通过具体事物来表现。人们通过具体事物解读或了解相应内在精神时，会受到自身主观认识的影响，使人们在解读或了解精神层面的文化时产生一定的局限性，即人们很难从绝对客观的角度完全还原某种精神层次的文化。人类在过去生活实践过程中留下的痕迹，如一些遗址或文物等，能够被人们直观地观察到或感受到。一般来说，人们可以从视觉上充分了解这些痕迹，这些痕迹是人们了解某种文化的重要渠道。同时，人们在了解某种文化时，还需要重视对其精神层面的文化的认知和了解，这就需要人们通过解读大量物质表现并进行提炼才能完成。人们在认识某种文化时，需要重视其物质和精神两个层面的文化，不能只关注其中某一层面的文化，而忽视另一层面的文化。

相较于精神层面的文化来说，物质层面的文化更容易被人们发现和了解，在传播时也更为直观。精神层面的文化需要人们进行总结和提炼才能有所了解，其表达的文化内涵具有一定深度。在当前时代背景下，人们的生活节奏越来越快，人们对深入了解精神层面的文化内涵缺乏耐心，更愿意接受物质层面的文化内涵表达。以简单明了的物质文化符号为基础设计出来的文创产品更容易得到消费者的广泛认可，这种文创产品表达的文化内涵往往停留在表面，文化符号背后更深层次的文化内涵难以充分表达出来。用户在使用此类文创产品时能够直观地看到相关文化元素，但是对于为何使用这种表现形式缺乏足够了解，并不会对文化元素背后的文化内涵进行深入思考。文创产品符号化设计运用隐喻的方式有助于文创产品表达地域文化中精神层面的文化，设计师在文创产品开发和设计中运用隐喻的手法，可以将精神层面的文化内涵赋予到文创产品中去。例如，可以将中国传统文化中"和"的观念隐喻到文创产品的设计中，通过具体的形式表现出来，让消费者在感受到物质层面的文化内涵的同时，也能够深入理解和感受精神层面的文化内涵。

2.隐喻的设计方法

隐喻的方法相较于以上几种方法在提炼文化符号时具有更高难度，设计师必须对文化的内在精神有一定把握，才能够合理地运用好这一形式。设计师在了解文化内在精神的基础上，要找到适宜的体现内在精神的外在文化现象，才能将之运用于文创产品开发中。隐喻的方法在表达时面临更多的困难。通常情况下，文创产品开发运用隐喻的方法以传递内在精神文化内涵为目的，而不是仅传递具体的外在文化形象信息。内在精神没有具体的形象，无法直接表现出来，用户无法直观地感受到内在精神的存在。隐喻的方法在表达内在精神文化内涵方面具有一定优势，它通过彼类事物的暗示，使人对此类事物产生感知或联想，使用户在接触和感知文创产品外在文化喻体的过程中逐渐感知或联想到其真正想要传递的内在精神文化内涵。这种设计方法要保证用户能够清楚地感知喻体与本体之间的联系，才能使喻体的暗示作用真正发挥出来。文创产品设计运用隐喻的方法能够传递出更加深刻的内在精神文化内涵，用户可以在使用相应文创产品时感受到其中浓厚的文化气息，并对某种文化产生较深入的了解。

隐喻形式涉及喻体和本体两个方面，其符号选取时也需要一分为二，从喻体和本体两个方面展开。本体是隐喻形式真正要传递的信息，在文创产品设计中以行为文化符号为主，具有反映人精神世界的作用，能够向用户传递深刻的内在精神文化内涵，一般不具备物质性，具体包括人们对自然的敬畏、对美好生活的向往及对美好事物的追求等。喻体与本体之间必然存在一定联系，在文创产品设计中，要能够被用户感知到才能使隐喻发挥作用。喻体是表现本体的被物化的文化元素，能够被人们直观地感受到，具体包括拥有固定形状的雕刻、陶器上的各种纹路等。

在文创产品的设计中，隐喻的设计方法主要有以下几种形式。

（1）形喻：设计师通过观察和把握文化的外在形态，从中寻找与产品形态相符合的隐喻符号，将其运用在产品的设计之中。例如，在某款以中国传统文化为主题的文创产品设计中，设计师将中国传统文化中的"太极"元素融入产品形态之中，通过"太极"的形态隐喻中国传统文化中"和谐""平衡"的精神内涵。

（2）意喻：设计师在深入理解和把握文化内涵的基础上，将文化内涵寓于产品的设计之中。例如，在一款以中国传统文化为主题的文创产品设计中，设计师将中国传统文化中"和"的观念隐喻到产品的设计中，通过和谐、融合的设计语言，将"和"的内涵体现在产品的细节之中，让消费者在感受物质层面的文化内涵的同时，也能够深入理解和感受精神层面的文化内涵。

（3）情境喻：设计师通过把握文化内涵所对应的特定情境，将这种情境隐喻到产品的设计之中。例如，在一款以中国传统文化为主题的文创产品设计中，设计师将中国传统文化中"春节"的情境隐喻到产品的设计之中，通过春节相关的元素和情境的再现，让消费者在感受产品设计的文化内涵的同时，也能够深入体验中国传统文化中春节的氛围和内涵。

隐喻在设计中的运用是一种深入理解和把握文化内涵的重要手段。设计师通过合理运用隐喻的手法，将文化内涵寓于产品的设计之中，能够让消费者在感受物质层面的文化内涵的同时，也能够深入理解和感受精神层面的文化内涵。

隐喻的设计方法还具有创造意义的功能。创造意义是指通过设计过程赋予产品或服务新的文化意义或象征意义。这种意义可以是通过隐喻、形喻、意喻、情境喻等方式来实现的。创造意义的特点在于其独特性和针对性，它能够满足用户对文化、历史或象征意义的追求，增强产品的吸引力和价值感。

文化是人类活动的产物，是由人类创造出来的，而不是凭空产生的。

文化需要经过传承、发展和创造才能持续保持活力，才能经受住时间的考验而不断延续下去。文创产品设计使用隐喻的设计方法能够创造意义，同时也是一个创造文化的过程，最终创造出来的文创产品可以表达出与传统文化不同的文化内涵。文化创新是社会发展的必然要求，是文化跟随时代发展不断更迭的内在动力。文化的创造过程受到人类主观能动性的影响，是一种有目的、有意识的活动。在不同的时代环境中，人们创造出来的文化会产生明显的时代特征。在当前时代背景下，文创产品开发所创造出来的文化同样具有明显的属于当下时代的特征。

创造意义的真正目的是赋予文创产品以新的文化内容。文创产品开发创造出的新的文化符号，还可以进一步赋予其更多新的文化内容，但是这种赋予必须得到人们的普遍认可，使之在人们的认知中成为一种约定俗成的文化符号。只有这样，文创产品开发创造出来的新的文化符号才可以实现特定文化内涵的表达和传播，使这一文化符号拥有特定的所指。

创造意义的过程需要设计师具备深入的文化理解力、敏锐的市场洞察力和精湛的设计技巧。设计师需要将文化内涵与市场需求、用户心理等因素相结合，通过创新的设计手法将其转化为具有实用性和审美性的产品或服务。同时，设计师还需要不断跟踪市场动态和用户反馈，及时调整设计思路和方案，以满足用户不断变化的需求和期望。

以博物馆文创产品开发和设计为例，我国博物馆与文创团队联合开发的文创产品大多基于馆藏文物、文化遗址与精神内涵而完成，这些文化元素从过去留存下来，其所表达的文化内涵也是在过去某种独特文化环境下产生的，具有明显的历史性。此类文创产品除了能够创造一定的经济价值外，还可以促进文化的传播、传承与发展。弘扬优秀传统文化，促进优秀传统文化的创新发展，是当下时代人们的重要责任。文创产品作为文化的重要载体，拥有促进文化传承与发展的功能。在文创产品的开发过程中，不仅要充分挖掘和利用我国优秀传统文化的宝贵财富，还要通过创意促进优秀传统文化与现代文化的相互交流，促进优秀传统文化在新的时代背景下实现进一步创新发展，从而使优秀传统文化不断跟随时代发展保持旺盛活力。当文创产品设计过于依赖优秀传统文化本身的文化内涵时，最终设计完成的文创产品将出现过于强调文化传承的现象，就会在一定程度上忽视文化创新发展，文创产品所表达和传播的文化内涵也将缺乏创新性。文创产品中运用的文化元素若受到一定限制，将很难产生令人眼前一亮的文化符号。这种限制在小型博物馆开发文创产品中比较容易出现。小型博物馆馆藏较少，当开发文创产品时过于依赖传统文化，文创团队可以使用的文化元素相对较少，最终有可能导致文创产品设计缺乏文化支撑，可开发出来的文创产品种类相对较少，更容易出现文化元素重复使用率过高的问题。同一文化元素被重复运用于文创产品设计时，容易使文创产品设计失去新意，并引发用户的审美疲劳。这种问题对于大型博物馆来说需要经过更长时间的文创产品开发才能显现，但不会真正消失。无论文创团队是否拥有丰富的文化资源，都需要在文创产品设计时注意过多依赖优秀传统文化的问题，积极推动优秀传统文化与现代文化的相互交流、融合，促进文创产品表达和传播的文化内涵实现不断创新。

文创产品开发"创造意义"一般通过赋予优秀传统文化元素以新的文化意义来实现，文创产品设计仍然运用原有文化元素的特征，但其所表达的文化内涵会产生当下时代的特征，创造出来的文化意义更符合当前社会环境，最终创造完成的文创产品更契合当下时代消费群体的审美眼光和消费需求等。以北京故宫博物院与相关文创团队创造出来的故宫猫这一故宫文创IP（Intellectual Property，知识产权）符号为例，这一IP符号以故宫存在多年的"猫保安大队"为原型进行淬炼、提取和重构，创造出具有"猫保安大队"特征和现代时代特征的新的文化符号。故宫猫这一文创IP符号是当代设计师的创造成果，产生了相对独立的文化内涵，成为故宫文化中一个新的文化符号。故宫猫这一文化符号具有一定文化专属性和故事情感，用户看到这一文化符号就会联想到故宫及故宫文化。这一文化符号获得了相应消费者的普遍认可，人们的思维与故宫建立密切联系，并使之成为故宫文化系统的有机组成部分，故宫文化获得新的文化内涵。这一文化符号在保留故宫猫原先特征的基础上赋予其新的文化意义，使这一文化符号产生当下时代特征。这一文化符号融入故宫文化系统，赋予故宫新的文化意义和当下时代特征，故宫文化也将进一步实现创新发展。

（五）地域文创产品符号化设计方法的总体要求

1.打造地域文创产品的差异化

我国文创品牌的建设与发展面临个性化不足、产品同质化问题严重、产品种类单一、文创样式趋同等问题，文创产品的进一步差异化发展是我国文创产业发展迫切需要解决的问题。地域文创产品符号化设计可促使这一问题得到解决，相应的地域文创产品符号化设计方法须满足打造地域文创产品差异化的总体要求。

在地域文创产品缺乏差异化的情况下，用户很难对地域文化形成视觉感官识别性，很难从中接收到丰富的文化信息，并难以理解文创产品所蕴含的文化内涵等，这些问题在通过照搬照抄方式设计出来的文创产品中体现得更加明显，其产品所承载的文化信息显得不伦不类，使消费者难以接收到准确、清晰的文化信息，最终导致消费者在文化符号认同感及文化内涵认知等方面产生偏颇。只有地域文创产品符号化设计方法满足打造地域文创产品差异化的要求，丰富多彩的地域文化才能与文创产品实现充分结合，地域文创产品的质量才能有效提升，并形成种类更加丰富的地域文创产品，从而更好地满足当下人们日益增长的精神消费需求，促进地域文化的进一步传播与发展。因此，地域文创产品符号化设计方法需要深入挖掘、充分提取相应地域文化中的资源，使相应文创产品真正展现地域文化特色，表达地域文化的独特文化内涵，如此地域文创产品的差异化才能真正实现。

地域文创产品设计方法打造差异化的地域文创产品，必须以充分理解相应地域文化内涵和意义为基础，找到与之相对应的、适宜的表达和传递文化内涵和意义的方法。符号化设计要求设计师对选择的地域文化符号进行梳理、提取及转译等操作。

在现代设计表达中，符号已经成为一种关键要素。符号是表现人类各种活动的重要基础，在表达和传递文化方面具有重要作用。优秀的地域传统文化具有艺术、科学等多重文化价值，在文化表达、内涵认知及文化意象等方面具有一定独特性。在地域文创产品设计中，地域文化符号以一种传播文化的表征形态存在，具有表达地域文化、展现地域文化美学特质的作用。符号是地域文化生命力的重要来源，将地域文化符号应用于文创产品设计中，可以有效推动文创产品差异化发展。地域文化能够为文创产品现代创意设计提供丰富的符号来源，不同地域文化在文创产品中获得新的生命活力。

2.提升消费者的文化体验

符号具有普遍性价值，是人类进行意义表示和情感表达等活动的重要基础，人类创造出来的各种思想与文化等依托符号实现传播和发展。没有符号作为基础，则思想和文化等不可能实现传播和发展。符号学具有跨学科性，在文创产品设计领域发挥着重要作用。符号可以影响消费者的购买意愿等，良好的文创产品符号化设计可以增加消费者的购买欲望。符号在形成过程中受到多种因素的影响，文化是能够对符号的形成产生巨大影响的一种因素。文创产品符号化设计过程中，设计师需要对相关文化符号进行分析，要深入理解符号间多元共通的关系。因此，设计师在分析文化符号时要注重其整体性，而不能只是关注文化符号的发出者和接收者，也不能只是掌握单独文化符号所表达的文化内涵。

设计师和消费者可以通过产品设计实现相互交流，文创产品设计是设计师与消费者实现文化对接的桥梁，文化信息通过文创产品传递给消费者，相应文化通过文创产品实现进一步传播和发展。产品的视觉效果、文化搭载及功能呈现等属于符号内容，具有影响消费者选择的作用。非物质的文化符号导向将改变文创产品在消费者心中的客观价值。文创产品中，现代文化符号组合的产生以传统文化符号为基础，符号将形式语言的精神文化融入具象的产品中。传统文化符号经过淬炼提取、转译编码等步骤最终形成各种新的文化组合类型，这些文化组合类型将传统文化与现代消费潮流相结合，使传统文化符号具有新时代特征。地域文创产品符号化设计能够使产品形成浓厚的传统氛围，表达和传播出地域文化的内涵和底蕴。地域文化符号和现代消费潮流的融合能够形成具有现代特征的文化符号组合，将这种组合应用于文创产品符号化设计中，能够使产品更加契合现代消费群体的审美观念和消费需求，消费者将通过地域文创产品获得更加丰富的文化体验。

3.引导完善传播途径

地域性与民族性的概念既广泛又复杂，地域文化包含的内容非常庞杂。创意产业有效使用文化素材，能促使传统文化与现代特征相融合，从而实现优秀传统文化的传承与创新，是促使文化与产业相连接的关键。文创产品的概念是文化、创意和产品三个概念的结合体，这一概念还可以进一步延伸出文创产业等概念。地域文创产品符号化设计能够有效促进地域文化的表达、传播和发展。设计师对地域文化的理解和挖掘越充分，地域文化与文创产品的结合越紧密，则地域文创产品将更加充分地激发地域文化的潜力，创造出更高的附加值。用户将能够从地域文创产品中更加深刻地感受到不同地域文化的独特魅力和丰富多彩的地域特色。

人们在日常生活中经常会忽视符号的重要作用和意义。一切具有意义的事物都可以用符号来表示，符号的作用就是表达事物的意义。地域文化的表达和传播必须借助符号来完成，无法脱离符号而实现，地域文创产品设计中介入文化符号具有必要性。文创产品可以有效促进文化的表达、传播和发展，其本身具有一定的文化性和学科指导性，能产生一定教育意义或价值。地域文创产品符号化设计可以对地域文化进行淬炼提取，并将提取出来的地域文化符号运用于文创产品设计中，使地域文创产品形成独特的地域文化特色，并表达地域文化蕴含的文化内涵和思想情感等，对用户来说具有一定的教育意义和价值。文创产品作为文化信息的重要载体，是地域文化表达和传递的有效途径，将地域文化运用于文创产品设计中可使其获得更大的发展空间。优秀的地域文创产品设计可以赋予产品更高的文化价值，使传统地域文化与现代潮流的结合更加紧密，促使地域文化表达的文化内涵更加清晰，以及在当前时代背景下获得新的文化意义，有利于地域文化实现持续健康发展。

第三节　文化符号提取与文创产品符号化设计

本节以北京故宫博物院文化创意产品设计为例，对文化符号提取与文创符号化设计流程展开研究和探讨。

一、北京故宫博物院文创产品的设计方法分析

北京故宫博物院在开展文创产品研发方面具有丰富的经验，拥有自己的设计团队，并积极开展与其他文创团队的合作，设计出来的文创产品种类和数量众多。与北京故宫博物院合作进行文创产品开发的单位包括北京洛可可科技有限公司、中央美术学院等。北京故宫博物院拥有丰富的文化资源，与其他文创团队之间的相互合作属于强强联合。通过合作，北京故宫的历史和文化将得到更加充分的表达和传播。不同文创团队的设计思路不同，相互学习和借鉴更有利于突破传统设计思路，完善相关创意，从而更加充分地开发和利用相关文化资源。例如，北京故宫博物院与北京洛可可科技有限公司合作设计的"故宫平安猫"形象受到市场的广泛欢迎，并逐渐成为北京故宫文化一种具有代表性的符号，该文创团队在设计"故宫平安猫"这一形象之前，对市场、需求、文化资源等方面进行了充分的调查分析和整理，文创产品设计中文化符号的提取与运用建立在一定调查研究的基础上。

（一）对典型藏品图案的直接运用

北京故宫博物院与相关文创团队联合推出的文创产品很多直接运用典型藏品图案的设计方式，对北京故宫博物院丰富的、珍贵的馆藏资源加以充分利用。北京故宫博物院收藏的绘画作品十分丰富，包含多个历史时期、各种风格、不同流派的作品，同时收藏的绘画作品保存完整度良好，质量较高，很多绘画作品属于当时历史时期的巅峰之作，具有巨大的

文化价值和意义，其中包含的文化信息和文化内涵相对丰富。这些精品画作比较有名，将这些画作的图案直接运用到文创产品设计中能够产生良好的效果，可有效提升文创产品的知名度，消费者也更容易对相应文创产品产生熟悉感。这些精品画作一方面能够反映出当时历史时期人们的审美观念；另一方面能够反映出当时的精妙技艺，具有明显的时代特征。同时，北京故宫博物院收藏的画作内容十分丰富，除各种类型的山水画、人物画和花鸟画外，还包括众多画家对自身想象的描绘。不同历史时期流行的绘画技艺、画家各自不同的风格等因素使画作的类型繁多，因此北京故宫博物院收藏的数量众多的画作可谓包罗万象。北京故宫博物院中典型的藏品具有一定的代表性与知名度，将其图案直接运用于文创产品设计中，能够提升产品的知名度。这些图案拥有较强的识别性，能够将用户快速带入当时的文化氛围中，向用户传递文化信息。文创产品设计直接运用典型藏品图案在表达文化内涵时直观性较强，用户在理解藏品时相对直接与方便。

（二）对传统纹样的运用

北京故宫博物院与相关文创团队联合推出的文创产品中对传统纹样的运用十分常见，此类文创产品数量占北京故宫博物院总的文创产品数量比重较大。传统纹样属于传统文化艺术，题材丰富。传统纹样是各种各样的图像，人们绘制图像的技法也丰富多变，人们将纹样用于日常生活的多个领域，与人们的生活产生密切联系，并贯穿在人类历史发展及创造文化的过程中。建筑、服饰、家具等各种载体之上都携带有传统纹样信息，传统纹样与各种载体之间的相互组合十分协调，使各种各样的载体变得更加艳丽。北京故宫博物院的众多藏品种类丰富，很多藏品上运用了传统纹样，不同藏品上的传统纹样多姿多彩，为文创产品设计运用传统纹样提供了便利。传统纹样的种类十分丰富，不同传统纹样之间存在差异，所表达的文化内涵也各不相同，不同的文创产品需要与适宜的传统纹样相结合，才能使产品获得更大价值，文化内涵和意义的表达与传递才能更加顺畅。文创产品设计运用传统纹样一般较直接，用户可以直观地观察或感受到传统纹样，并对传统纹样产生一定的理解和认知。传统纹样的造型在时间流逝中得以不断流传，必然得到人们的认可和喜爱，符合人们的审美观念，观看传统纹样的造型也能够给予人们良好的鉴赏体验，文创产品设计运用传统纹样能够达到较强的装饰效果。

（三）波普艺术风格的运用

文创产品设计在表现传统文化时可以使用各种方法，除传统方法外，现代化设计方法同样可以用来表现传统文化。例如，北京故宫博物院及其文创团队使用现代波普艺术风格表现传统文化，将传统文化融入文创产品中。现代化设计方法与传统文化的结合能够设计出让人眼前一亮的文创产品，传统与现代的交流和碰撞能够形成强烈的对比。波普艺术风格将纯度高、明度高、色彩对比性强的颜色组合在一起，从而给消费者带来强烈的视觉冲击，能够有效吸引消费者的注意力，使消费者对相关产品留下较深刻的印象。这种风格的文创产品在当前市场上受到年轻消费群体的喜爱，与年轻消费群体的审美需求更加契合。同时，传统文化的内涵也可以在年轻消费群体中得到表达和传播。

二、地域文创产品符号化设计

本小节以莫里斯符号理论为基础，对地域文创产品符号化设计展开研究和讨论。莫里斯的《符号理论基础》是符号学正式被确立为一门独立学科的标志。莫里斯的符号思想以哲学思想为根基，以皮尔斯符号学理论体系为基础，将符号学划分为三个分支，即语义学、语用学及语构学。语义学以经验主义哲学思想为根基，语用学以实用主义哲学思想为根基，语构学以形式主义哲学思想为根基。莫里斯的符号学研究成果为符号学理论跨学科发展和应用奠定了坚实基础，其符号学理论拥有良好的学科交叉互动性，将其他符号学理论研究的精华融会贯通，实现了集众家之所长。因此，莫里斯的符号学理论包含其他符号学家的思想，其理论系统能够满足跨学科领域的理论摄取。

（一）文化意义线性理解与符号三角关系

莫里斯符号学的语义学部分汲取了其他符号学家的优秀思想及观点。从莫里斯符号学语义学观点的角度来看，文化符号能够承载文化意义，具有描述定义事物存在的作用。反过来说，文化符号的出现具有论证事物具体存在的作用，文化符号与相应文化意义之间具有直接的、线性的联系。在传统的符号学理论中，符号语义能够使相应词汇及思维发生固化，进而成为一种行为定式，使人们在理解和接纳符号时遇到一定阻碍。莫里斯符号学的语义学部分受到奥格登和理查兹的影响，他们在莫里斯之前就提出"仅仅发明词语实体但不关注可能的研究泛用的做法对符号理论来说十分致命"这一观点，对词汇及思维固化的死板传递行为做出批判并提出著名的"符号三角理论"。这一理论能够解释地域文化思想、文化符号、文创产品基于语义学形成三角理解关系，文化思想通过文化符号的指向转化与文创产品建立联系。文化思想通过符号化形成相应文化符号，文化符号与文创产品的融合使其获得一定指向性，具有指向性的文创产品又反过来对文化思想造成一定影响，文化思想、文化符号、文创产品三者之间的相互联系随之形成。

（二）用户需求理解下的实效矩阵设置

莫里斯的语用理论以实用主义哲学思想为根基构建而成，使这一理论涉及人的需求。在马斯洛的需求层次理论中，人在精神层面的需求位于最高需求范畴，人们获取需求答案必须通过源于精神世界和物质实体之间的符号指向活动来实现。在莫里斯的语用理论中，精神属于符号的一种活动或功能，语用学将实用价值和实效性能作为最终落脚点。在文创产品符号化设计过程中，地域文化符号化过程与用户精神需求相互交织，充分理解用户的精神需求对符号实用性价值的体现来说十分重要。设计师充分理解用户精神需求并进行符号化处理，以完成文创产品设计，设计出来的文创产品能够增进用户的体验与认知,用户需求理解下的实效矩阵设置随之形成。

在特斯勒的复杂度守恒定律中,当一个系统中的某一组成部分变得简单,则该系统的其余部分就会变得更加复杂。将文创产品设计看作一个系统,让用户使用产品、理解产品表达的文化内涵等方面相对容易,设计师在设计产品时需要进行更加复杂的思考,相应文创产品的设计难度也会增大。用户使用产品的简易程度与设计师的设计难度遵循特斯勒的复杂度守恒定律。设计师在设计文创产品时需要对用户的各种需求进行调查和分析,然后结合时代潮流发展等进行符号化设计,促使文化符号与文创产品实现相互融合,用户在使用文创产品时能够更快地获得精神层面的接触,用户对相应文化符号的理解将更加深刻。文创产品中精神与物质建立相互关联,用户就能够从中获得相应体验和认知。

(三)符号逻辑叙事复合推演

莫里斯从语义、语用、语构三个层次研究符号学并非以割裂解构符号学为目的,其目的在于帮助人们更好地理解符号学的跨学科价值,以及进一步向人们展现符号演绎过程中的各个维度,语义、语用、语构这三个分支有机组合成为完整的符号体系。莫里斯符号学理论中的语构学部分受到卡尔纳普逻辑句法学的影响,同时莫里斯的语构学拥有更加广泛的研究对象范围及更强的跨学科性,能够为符号学理论逻辑递进和符号诠释方面的复合推演提供一定的现实价值。事物的逻辑是关于构成该事物的符号的形式理论,研究有关制约它们的形式规则,从这些规则中推演出结论及对复合推演过程进行系统性阐释。

文创产品设计面对抽象的文化符号时,文创产品的叙事推演遵从行为逻辑,文化体验由物理层面逻辑转向精神行为层面,用户在对文创产品所搭载的文化符号进行解码并沉浸其中感受符号逻辑叙事复合传递的文化结构,产生身临其境的效果。具体设计过程中进行逻辑叙事演绎,可以将产品受众在不同阶段获取的认知经验、审美偏好、文化基础等进行自我推演发展,并形成网状文化认知结构。

（四）由点及面的符号融合构成

莫里斯符号学理论的三个分支分别对应三种符号化设计流程，语义、语用、语构三个分支可以有机组合成完整的符号体系。莫里斯符号学理论受社会行为理论的影响，将社会行为主义作为主要理论框架，融合了其符号互动论的观点，为莫里斯符号学理论三个分支的融合奠定基础。社会行为主义与莫里斯符号学理论都具有承认符号普遍性的特征，都从各自独特角度来证实符号的普遍性。前者通过社会行为展示出的表征形态进行证实，后者则以符号为基础进行证实。理清符号融合构成的思路，有利于构建符号并衍生出相应文创产品，文创产品符号化设计流程将向体系化发展。

综上所述，文创产品的符号化设计需要从整体性视角出发，将语义、语用、语构三个分支有机融合在一起，以实现符号的全面融合和整体设计。在文创产品符号化设计中，语义学分支可以帮助设计师理解文化符号所承载的文化意义和概念，为设计提供基础的文化元素；语用学分支可以帮助设计师了解用户的生产生活需求和精神需求，为设计提供用户指向和实用性；语构学分支则可以帮助设计师在符号逻辑叙事和复合推演中实现文创产品的结构性和系统性。

具体来说，设计师可以通过对文化符号的解码和分析，将其转化为符合用户的生产生活需求和精神需求的符号形式，同时结合时代潮流和设计趋势进行创新性的设计。在设计中，设计师需要考虑文创产品的结构性和系统性，以实现符号的全面融合和整体设计。例如，在文创产品设计中，设计师可以通过对文化符号的组合和排列，创造出符合用户认知和文化体验的视觉形态和空间结构，从而使用户更好地理解和感受文化符号所表达的意义和价值。

同时，设计师也需要考虑文创产品的实用性和用户体验。在设计中，设计师需要考虑用户的使用习惯、认知特点和需求等因素，以设计出符合用户需求的文创产品。例如，在文创产品设计中，设计师可以通过对用户行为的研究和分析，创造出符合用户使用习惯和认知特点的交互操作方式，从而使用户更加便捷、舒适地使用文创产品。

具体来说，地域文创产品符号化设计流程首先需要通过调研来深入理解和挖掘地域文化，理清地域文化符号、文化思想和文创产品之间的联系，并整合归纳相关地域文化资源，然后通过市场调查明确设计目标及所要服务的对象，最后基于消费者需求明确文创载体及设计方案。地域文创产品符号化设计不仅要保证文创产品中的符号能够准确、真实地表达地域文化，还要使文创产品快速为消费者提供精神层面接触，促进消费者理解文化符号。

北京故宫文创产品是地域文创产品符号化设计的典型代表。在故宫文创产品的设计中，设计师首先深入挖掘故宫文化的内涵和特点，通过调研了解故宫的历史、文化、建筑、文物等多个方面的信息，并从中提取出具有代表性的文化符号。同时，设计师还要对市场进行调查，了解消费者的需求和喜好，并根据这些信息制定设计目标和方案。

在具体的设计过程中，设计师将故宫文化的符号、元素、思想等融入文创产品中，使文创产品具有独特的文化内涵和风格。例如，在故宫文创产品中，设计师将故宫的建筑、文物等元素进行提炼和创新，将其融入产品的外观设计中，使产品既具有文化底蕴又具有现代感。此外，设计师还应注重产品的实用性和用户体验，将消费者的需求和喜好融入设计中，使文创产品更加符合消费者的需求和使用习惯。

在故宫文创产品的推广和营销中，设计师也注重符号化叙事和复合推演的作用。他们通过创意性的宣传和推广手段，对故宫文化的内涵和特点进行提炼和创新，将其融入宣传中，使消费者更好地了解和感受故宫文化的魅力。同时，设计师还通过建立品牌形象和开展文化活动等方式，对故宫文化的符号和元素进行提炼和创新，将其融入营销中，使消费者更好地了解和认识故宫文创产品。

北京故宫文创产品具有明显的地域特色，能够准确、真实地表达北京地域文化，将北京这一地区的灵魂融入了文创产品中，使文创产品产生了较高的附加值。北京故宫文创产品涉及人们日常生活的各个领域，包括笔记本、手机支架、摆件、插画、铅笔、雨伞、化妆包、天然香料、图书等。这些文创产品与北京地域文化充分结合，浓缩着故宫丰富的历史文化信息，能够充分展现北京地域文化的独特魅力。北京故宫文创产品的开发和设计充分考虑消费者的实际需求与审美需求，利用符号化的方式使独特的故宫文化变得简单易懂，使消费者在使用故宫文创产品的过程中获得良好的体验，并对故宫文化产生一定兴趣。故宫文创产品在开发与设计过程中逐渐打造了一套具有北京故宫特色的符号系统，这一符号系统具有连接用户与北京地域文化的作用，即使消费者对故宫文化的认知程度较浅，对故宫文创产品中的文化符号感到陌生，但经过淬炼提取与重构的具有故宫文化特色的文化符号也能够满足消费者的审美需求，从而使消费者乐于接受故宫文创产品，并进一步实现故宫文化的表达与传播。经过淬炼提取和重构的文化符号可以使文化中的内涵和思想情感以通俗易懂的方式表达出来，更容易使消费者接受其中的文化内涵与思想情感，且其中的奇妙创意经常可以让人耳目一新。北京故宫博物院与洛可可科技有限公司合作设计的故宫猫形象成为北京故宫文创产品中具有代表性的符号，并以这一符号为核心创造出众多衍生文创产品，形成由点及面的发展链条。

第五章　地域文化视觉元素在旅游文创产品中的应用

　　我国历史底蕴深厚、文化资源丰富，这使我国旅游文创产品设计在运用地域文化视觉元素方面相对便利。我国众多民族文化、地域文化拥有各自独特的魅力。丰富的民族文化、地域文化资源为我国旅游文创产品设计提供了得天独厚的基础和条件，有利于优秀地域文化品牌、文创品牌的形成。全球一体化背景下，世界各个民族、各个地域之间展开更加深入和频繁的交流和碰撞，我国民族文化、地域文化与其他国家的地域文化之间形成一种竞争关系。文创产品作为文化的重要载体，需要承担提升我国文化竞争力的责任。我国旅游文创产品设计不应仅是照抄历史文化，还应注重创新性和创造性，促进传统文化与当下时代特征相融合，使地域文化在旅游文创产品设计中展现现代美感。

第一节　地域文化视觉元素的分类、表达方法与应用价值

　　地域文化视觉元素能够被人们直观地感受到，是地域文化接收和传递信息的一种工具和媒介。全球一体化时代背景下，视觉元素变得更加多样化，相应传达形式成为大众获取信息的途径及审美价值的标准。社会经济的稳定发展使人们追求美好精神事物、提升生活品质的意愿不断增强，视觉元素的体现也向这一方面倾斜。

　　不同的地域文化视觉元素可以带给人们不同的观看体验，促使观看者形成不同的感受与认知。设计师在进行地域旅游文创产品设计时，需要深入挖掘和了解当地独特的地域文化，收集能够代表其特色地域文化的视觉元素，并通过提取、重构等方式将其应用于设计中，从而使地域文化视觉元素得到更加充分的开发和利用，相应的文创产品也将获得更高的附加价值。地域文化视觉元素承载着文化意义与相应精神，能够表达地域文化内涵，这些元素在内容和形式的表达上可以给予观众相对直观的视觉冲击和体验。

　　地域文化视觉元素在文创产品设计中的应用也是一种创意设计，并能够将地域文化的地域性、特色性、文化性及历史性等集中地表达出来，有效提升地域文创产品的趣味性和人文性，激发游客购买相应文创产品的欲望，满足相应受众的文化消费需求等，从而促进文创产业、旅游业等行业的发展，推动区域范围内旅游事业健康发展，拉动区域范围内社会、经济、文化等方面的发展。

一、地域文化视觉元素的分类

（一）抽象的视觉元素

　　抽象的视觉元素需要借助特定的意识和形态进行特定内涵的暗示，其

所承载的信息无法具象化地呈现出来，在特殊语境下生成的内涵具有特殊意义。这一类型的视觉元素以点、线、面，以及由点、线、面组成的各种抽象几何图形和形体作为表现形式，能够引发人们的联想与思考。任何图像从实际的形态学角度来看都具有特定形状、尺寸、色彩、位置、肌理及方向等，组成图像的各种元素发生变化会引起图像本身发生相应变化，元素的变化多种多样，图像最终产生的视觉效果也多种多样，而抽象的设计难以被人们普遍理解和接受。例如，许多民间工艺美术作品虽然包含一定的知识和信息，但是这些民间工艺美术作品所表达的内容却不具体。剪纸中鱼的图案表达的内容是年年有鱼（余），元宝的图案表达的是恭喜发财，等等，这些图案本身虽然包含一定的知识和信息，但在剪纸作品这一语境中则表达特定的内涵。人们对美好生活的期望并不是具体的，使用抽象的视觉元素来表达反而能够使表达更加准确。

（二）具象的视觉元素

1.人物形象

文创产品设计有时会使用人物形象，而选取何种人物形象则需要根据产品的概念和属性等进行判断。一般来说，设计师会选择与产品概念和属性接近的人物形象作为产品代言。除此之外，人物形象和产品之间的相互关系也是人物形象选取的关键。选取的人物形象与产品概念越接近，人物形象与产品的相互关系越恰当，则产品设计越能清晰地表达相应文化的内涵，引发用户的联想和思考，从而提升用户的购物体验和文化体验。以选取女性形象为例，最终设计完成的产品具有美感，并能够提升产品的吸引力，女性形象的视觉元素一般用于日用品、化妆品、饮料等产品的设计中。人物形象与产品概念越接近，人物形象与产品之间越容易建立联系。明星或知名人士的宣传和代言能够有效提升产品的知名度和曝光率，更容易使用户对产品留下一定印象。相应地，设计师从地域文化资源中提炼、重构出一定人物形象或其他视觉元素，将其运用于文创产品设计中，同样可以借助文化资源的知名度达到宣传和推广效果。例如，许多民间工艺美术中的"门神"形象，包括秦叔宝、尉迟恭等人物形象，"门神"形象与平安、健康、正气、武力等联系在一起，可以用于安防相关的文创产品设计中。

2.动物形象

动物形象是一种容易被消费者接受的表现形式，在国际范围内得到广泛应用，并创造了众多经典之作，在文创产品设计中同样可以产生良好的效果。爱护环境、保护野生动物正在成为社会的一种潮流，人们的环保意识在不断增强，人们对人与自然和谐关系的构建更加重视。人类生存同样需要依赖良好的自然环境，自然环境的破坏最终将使人类难以生存。动物形象在文创产品设计中的应用符合当下社会发展的潮流，与人们日益增强的环保意识相呼应。人们对待动物的方法和态度正在变得越来越友好，动物形象的视觉元素在产生趣味性、吸引消费者等方面的效果进一步提升。例如，2002年由胡深与胡新明创作的泥塑作品——《泥塑马》成为我国邮政部生肖邮票主图案，该文创产品就是从《泥塑马》中提取马这一动物形象的地域文化视觉元素。

3.植物形象

当下，文创产品设计中植物形象的运用是一个新的方向。运用植物形象的文创产品设计具有创新性，能够表达出地域文化独特的文化内涵。文创产品设计可以对消费者的购买动机或意愿产生一定影响，能够促使消费者形成新的消费习惯。植物形象的视觉元素是现代消费者普遍喜爱和认可的视觉元素，相较其他类型的视觉元素更容易展现出亲和力，使人们对文创产品设计产生一定的熟悉感和亲切感。同时，不同类型视觉元素的使用，有利于文创产品设计的多样化和差异化发展，从而促使文创产品设计更具创新性和趣味性。许多民间工艺美术以花草树木为题材，牡丹、莲花等植物形象在民间工艺美术中经常出现，可以从民间工艺美术中提取相应地域文化视觉元素。

4.自然景观

自然景观在旅游文创产品设计中的应用十分普遍，并常常作为产品的主设计元素出现，这种现象的产生从侧面说明用户对自然景观视觉元素与文创产品设计融合的认可。自然景观在很多产品设计中主要起到装饰作用，而在文创产品设计中能够产生更多意义并表达出一定文化内涵。运用自然景观视觉元素成为旅游文创产品设计的一种趋势。例如，地域文创产品设计可以从西湖十景之一的"苏堤春晓"中提取地域文化视觉元素，通过摄影、绘画等手段可以从苏堤春晓的各种景色中提取具象的地域文化视觉元素。

二、地域文化视觉元素的表达方法

（一）抽象性概念法

抽象性概念法是指利用具体事物来表达抽象概念的方法，这种方法在各种设计中得到应用，旅游文创产品同样可以使用这一表达方法来表现地域文化视觉元素。杭州城市Logo的设计就使用该方法来表达杭州地域文化。设计师将杭州独特的地域识别建筑、人文形态等地域文化视觉元素进行符号化设计，通过简洁的文化符号对杭州地域文化进行高度概括和凝练，最终实现使用具体的地域文化视觉元素来表达杭州地域文化的目标。设计师从杭州地域文化资源中筛选具有较强代表性的地域文化视觉元素，并从许多具有相似性、相同性特征的地域文化视觉元素中提取、凝练出地域文化符号，然后对从杭州地标建筑、人文形态等方面提炼出的地域文化符号进行组合，在整体上构成一个"杭"字，使文创设计更贴近宣传杭州地域形象和地域文化这一主题。

（二）联想性场景法

联想性场景法具有直接、有效的优点，能够高度概括地表达地域文化视觉元素。人们更容易在相应的文创产品中观察到视觉辨识节点，也更容易对相应的文创产品产生兴趣、好奇心，从而对文创产品表达的地域文化内涵产生认同感。在旅游文创产品设计中运用联想性场景法需要重点研究地域文化中具象的地标建筑、文物古迹、热门景点、自然景观等，然后从中提炼地域文化视觉元素。这些提炼出来的视觉文化元素与地标建筑、自然景观等内容的形态密切相关，并融入设计师的观察与感悟，既是地域文化的表达载体，也是设计师思想情感的表达载体。消费者可以根据地域文化视觉元素展开对地域文化元素场景的联想，使消费者与地域文化产生共鸣，旅游地域文创产品本身也更"接地气"，容易使消费者建立记忆点。例如，"苏堤春晓"作为杭州特色美景与旅游纪念章（币）相结合，设计师从"苏堤春晓"中提取地域文化视觉元素设计相应旅游文创产品，使消费者在看到旅游文创产品中的"苏堤春晓"景色时就会产生相应联想，并潜移默化地了解和接受杭州地域文化。

（三）象征性故事法

象征性故事法在地域文化视觉元素表达方面具有一定作用，使相应地域文化元素得到深入挖掘。在旅游文创产品中使用此方法可以赋予产品浓郁的地域文化特色。地域文化的内容十分广泛，其中有很多地域文化资源背后蕴藏着"故事"，这些"故事"在旅游文创产品设计过程中时常被忽略，其中蕴藏的特色地域文化也难以得到表达和利用。这些地域文化视觉资源背后所蕴藏的"故事"往往仅流传在当地人民群众中。对来此地旅游的游客来说，这些当地人民群众耳熟能详的"故事"可能十分陌生，但在游客眼中，这些"故事"充满新鲜感并表达着当地特色文化。设计师使用象征性故事法进行旅游文创产品设计时，需要深入理解这些地域文化资源，挖掘其中的"故事"。具体来说，设计师在运用地域文化资源之前，须查阅相关文献并采访当地居民，结合实际情境及文献所记载的信息等深入挖掘这些地域文化资源背后的"故事"。

故事具有象征性的表达，地域文化资源背后的"故事"可以通过象征性故事法运用于旅游文创产品中并得到表达，这些"故事"可衍生出新的地域文化视觉元素，并应用于旅游文创产品设计中。例如，新疆的一种有机品牌水果——阿克苏苹果，其是当地的地域文化内容，而阿克苏苹果背后所蕴藏的"故事"是果农曾湘娥坚持"自然天成"种植理念，在种植过程中坚持不打农药、不施肥、不清洗、不打蜡、不催化，在霜降后第十天开始采摘，确保阿克苏苹果自然成熟和绿色无添加，这使阿克苏苹果成为当地品牌水果。果农曾湘娥的故事则可以衍生出相应地域文化视觉元素，将其运用于当地旅游文创产品设计中，可以使当地旅游文创产品更好地表达当地特色地域文化。

三、地域文化视觉元素的应用价值

（一）增强消费者的购买欲

当下时代，人们的消费观念正在发生改变，物质生活水平的不断提高促使人们产生更加个性化的精神需求，人们的精神消费随之提高。同时，消费者独立思考、理性消费的意识在不断增强，大众消费观越来越多元化。消费者在文化水平、价值观、物质条件等方面存在差异，不同消费群体在购买产品时受到心理、生理、物质、精神等方面的影响。为了进一步刺激消费者产生更强的购买欲，需要满足消费者各种消费需求，增强产品的趣味性与人文性等，并不断调整文创产品设计以适应消费群体多元化、个性化发展的消费观念、消费习惯转变。

旅游地域文创产品设计需要充分了解不同消费群体的个性化和多元化需求，如此才能使设计出来的产品受到相应消费群体的认可和喜爱。在我国社会经济稳定发展的情况下，旅游地域文创产品需要进一步提升产品质量，以更好地适应人们消费观念与消费习惯的改变。在旅游文创产品设计中充分运用地域文化视觉元素，可以使产品内容更加丰富，使旅游文创产品与当地特色地域文化结合得更加紧密，从而更好地满足人们的精神消费需求。消费者心理和需求变化是产品设计的重要导向。为了进一步提升消费者对产品的满意度，刺激消费者产生更强的购买欲望，设计旅游文创产品时，需要从消费者的消费心理和内心需求出发，进一步满足消费者的消费心理和内心需求。在旅游文创产品设计中，应注重挖掘和运用地域文化视觉元素，以更好地满足消费者的需求和促进地域文化的传承与发展。

地域文化视觉元素在旅游文创产品中的应用，不仅可以提升产品的外观吸引力，还可以增强产品的内涵和特色，提高产品的辨识度，从而增强消费者的购买欲望。

地域文化视觉元素的应用可以让消费者更好地了解和感知地域文化的魅力。在旅游文创产品中，通过运用地域文化视觉元素，可以将地域文化的独特性和特色表现出来，使消费者深入地了解和认识该地域的文化特点和文化魅力。这种文化的传递和感知，可以增加消费者对产品的信任感和好感度，从而增强消费者的购买欲望。

地域文化视觉元素的应用可以提升产品的附加值。地域文化视觉元素作为一种独特的文化符号，可以为旅游文创产品增加独特的文化内涵和特色，使产品在同类产品中更具辨识度，从而提升产品的附加值。消费者在购买这种具有地域文化特色的产品时，不仅获得了实用的价值，还收获了文化和情感上的满足，从而进一步增强了消费者的购买欲望。

（二）有利于传播地域文化

文化是文创产品设计发展的主导因素。旅游文创产品设计在不同历史时期的发展道路各具特色，但主体应保持一致。地域文化视觉元素在旅游文创产品设计中的运用，可以从各个角度、各个方面诠释产品蕴含的文化理念，并表达当地特色地域文化的内涵，从而使旅游景区的地域文化跟随文创产品销售得到进一步传播。消费者对产品的认知度越高，则产品传播地域文化的力度越大。

当下时代，旅游地域文创产品的设计发展形成了从以功能性设计为主到以融合地域文化、表达地域文化内涵为中心的方向发展的特征。旅游地域文创产品以更加充分地展现地域文化特色为设计目标，地域文化与产品之间的融合更加紧密，产品实用性、纪念性、创新性、人文性等进一步提升，产品的附加价值与质量也不断提高。地域旅游文创产品能更好地满足不同消费者的内心需求，使产品得到更多消费群体的认可，地域文化也得到更加广泛而深刻的传播。

（三）有利于塑造地域文化品牌

市场上销售良好的旅游地域文创产品形成了相应的地域文化品牌，一个优秀的地域文化品牌能够获得消费者的信任，能够使消费者从心底产生一种直击灵魂的触动，能够快速引起消费者的注意和兴趣等。地域文化品牌相对来说更加注重地域文化视觉元素在旅游文创产品设计中的应用，强调地域文化的表达和传播，并形成一定品牌效应。建立地域文化品牌可以使用多层次、多样化的方式，具体包括如下三种。

1.从情感设计出发

从情感设计出发是建立地域文化品牌的方式之一。消费者购买旅游文创产品受到情感的驱使，消费者在游览相关旅游景区时会接触到当地独特的地域文化视觉元素，并对其产生一定的认知和了解，从而对当地独特的地域文化产生一定留恋之情。人们对旅游景区、地域文化的喜爱和不舍，促使人们想要购买相应旅游地域文创产品。具有当地地域文化特色的旅游文创产品对消费者来说具有重要纪念意义，能够满足人们的独特情感需求。游客对当地景观或地域文化产生情感的来源及抒发情感的场合具有多元化特征，有些游客因为享受当地精神层面的文化而对当地地域文化产生喜爱之情，有些游客热爱当地独特历史文化，有些游客喜爱当地的特色旅游文化，等等。例如，杭州晓风书屋推出的丰子恺公司限量（版）款旅游文创产品就是从情感设计出发，印刻有丰子恺先生"杭州"题材作品图案的保温杯，既能体现杭州地域文化特色，又能满足消费者怀念丰子恺先生的情感需求，对怀念丰子恺先生的游客来说具有重要纪念意义。

2.从建筑设计出发

从建筑设计出发建立的地域文化品牌，主要是从具有地域特色的建筑中提炼相应地域文化视觉元素，并将这些元素应用于相应产品设计中。苏州园林就结合自身特色建筑建立了美食文创品牌，设计团队从当地特色建筑中提炼相应地域文化视觉元素，并将之应用于雪糕类旅游文创产品设计中，将雪糕制作成当地特色建筑的形状。苏州园林中虎丘的"云岩寺塔"、留园的"冠云峰"等具有代表性的建筑被设计师用于雪糕旅游文创产品的造型设计中，有效增强了当地特色地域文化与游客之间的互动，促使当地优秀文创品牌、特色地域文化品牌逐渐形成。

3.从文化设计出发

从文化设计出发同样能够建立地域文化品牌。以太湖石旅游文创品牌的构建为例，这一旅游文创品牌的建立以地域文化为核心，将地域文化与旅游文创产品融合在一起。太湖石盛产于太湖地区，是我国古代四大名石、奇石之一，众多文献中有关于太湖石的记载。例如，在《扬州画舫录》中有"乃太湖石骨，浪击波涤，年久孔穴自生"的记载。太湖石在古代园林设计中十分常见，北方皇家园林或南方私家园林中都有太湖石的身影。太湖石在园林设计中具有良好的点缀作用。太湖石在长年的水浪冲击下自然生成各种窝孔、道孔或穿孔，使太湖石以千疮百孔、瘦骨嶙峋的姿态出现在人们面前，其形状整体上显得奇特峻峭。以太湖石为核心的旅游文创产品拥有大量热爱石的消费群体，并形成"太湖石"旅游文创品牌及相应的地域文化品牌。这种类型的文创产品往往拥有较鲜明的特色和浓厚的文化气息，历史感和视觉冲击力较强，具有相对较高的收藏价值。

第二节　地域文化视觉元素在旅游文创产品中的应用现状分析

本节首先对我国旅游文创产品的现状、特点及其中的文化传承与摒弃展开讨论和分析，然后分别从人文情怀、自然生态、历史文化三个方面对地域文化视觉元素应用于旅游文创产品设计的现状展开分析，最后分析地域文化视觉元素与旅游文创产品的关联性。

一、旅游文创产品概述

（一）旅游文创产品的现状

文创产业与通常意义上的文化产业之间存在诸多相似性。相较于文化产业来说，文创产业对创新性和创造性有更高的要求。我国历史底蕴深厚，文化资源丰富，这使我国旅游文创产品设计在运用地域文化视觉元素时相对便利。我国广袤的领土上五十六个民族相互包容、相互依存，在长时间的历史发展过程中融合到一起，不同民族、不同地域的人们在长时间的社会实践过程中创造出丰富多彩、各具特色的民族文化和地域文化。这些民族文化资源、地域文化资源为旅游文创产品设计提供了得天独厚的基础和条件，有利于优秀地域文化品牌、文创品牌的形成。在全球一体化背景下，世界各个民族、各个地域之间展开更加深入和频繁的相互交流和碰撞。我国民族文化、地域文化与其他地域的文化形成一种竞争关系。文创产品作为文化的重要载体，需要承担起提升我国文化竞争力的责任。文创产品的设计不能只是照抄历史文化，还需要注重创新性和创造性，促进传统文化与当下时代特征的融合。

我国文创产业起步相对较晚，许多发达国家的文创产业发展时间较长，产业相对完善。我国政府对文化建设、文创产业的重视程度正在不断提升，自"十二五"开始不断出台相关文件与政策给予文创产业发展以支持，对文物保护、文创产品开发和推广提出一系列明确要求，我国文创产业发展的环境越来越好。

　　旅游文创产品在当下时代拥有良好的发展前景，得到市场的认可，在当前社会环境下进入高速发展阶段。我国在经济、文化等方面快速崛起并持续稳定发展，人们生活水平明显提升，精神消费需求逐渐增长，地域文化的表达和传播处于良好的社会环境中。人们有时间、有精力、有意愿了解不同特色的地域文化，并从中汲取精神力量和精神财富，利用优秀地域文化的熏陶来提升自身道德修养与审美素养。在当前社会环境下，文化产业、创意产业拥有较强的创造经济价值的能力，社会各界力量纷纷涌入文化产业、创意产业中，有效促进了旅游文创产业的发展。当前科技发展正在快速改变人们的生活，各种科技与人们的生活紧密相连，并成为当下时代人们日常生活不可缺少的一部分，"旅游、文化、创意、产品"的互动交流平台在科学技术推动下逐渐成熟，旅游文创产品的宣传与推广形成线上与线下两种方式，消费者购买旅游文创产品的渠道得到拓展，消费者购买旅游文创产品变得更加便利。这些条件为"旅游+文创"产业模式的发展提供了十分优越的环境，相应地，旅游业、文创产业也获得了更大的市场发展空间。旅游在我国人民的消费观念中成为一种十分常见的事情，旅游文创产品销售也逐步兴起。

　　在"旅游+文创"产业模式不断兴起的背景下，地域文化视觉元素在旅游文创产品中的应用也获得发展，旅游文创产品设计越来越重视地域色彩和视觉元素的贴合，旅游文创产品的质量也在市场的刺激下不断提升。地域文化视觉元素与文创产品融合得越紧密，旅游文创产品的质量越高，越能获得消费者的认可和欢迎。在旅游文创产品设计中，地域文化视觉元素的应用越来越广泛，具体包括文字、图形、颜色等多元要素。旅游文创产品设计中地域文化视觉元素应用逐渐走向成熟，为消费者提供的消费体验越来越好，对相关地域的经济发展起到明显推动作用，更多地域文化通过旅游文创产品得到全面和深刻的表达和传播。

旅游文创产品是文创产业发展的产物。文创产业发展越良好，就有越多优秀的旅游文创产品涌现出来，从而进一步丰富旅游文创产品的内容和形式。文创产业发展环境的不断完善促使更多社会力量涌入这一行业中，相关企业之间的竞争变得更加激烈。旅游文创产品的质量和种类在激烈的竞争环境中不断提升。一些质量较差的旅游文创产品在市场上明显遇冷，人们的消费观念更加倾向于选择高品质的旅游文创产品。我国旅游文创产品存在以下问题。

1.形式单一

我国旅游文创产业发展起步较晚，当前旅游文创产品存在种类少、形式单一的问题。我国文化资源丰富，地域文化的种类繁多且极富个性，但很多地区或文创团队并没有充分利用熟悉的地域文化资源，这导致我国文创产品开发并没有充分发挥地域文化资源的优势。不同地域的文化特色存在一定差异，有些地域因盛产某种农作物而闻名，这些具有地域特色的产物也可以用于文创产品设计中，并使其成为传递地域文化的载体。当地域文化视觉元素应用于当地产品中时，产品将产生更大的经济价值、艺术价值等。例如，临安地区的山核桃较知名，将临安地域文化视觉元素应用于当地山核桃产品的包装设计中，可以使该产品成为一种旅游文创产品，并产生更高的附加值，在增强当地山核桃产品创造经济价值能力的同时，当地独特的地域文化也将得到进一步的表达和传播。不同地区充分利用地域文化资源优势，既能促进当地相关产业发展，也能有效拓展我国旅游文创产品的种类和形式，促进地域文化的传播和发展。因此，我国各个地区应积极探索地域文化资源的利用方式，推动当地特色旅游文创产品的研发，通过创新思维促进地域文化与现代时代特征相融合，促使我国在旅游文创产品种类增长的情况下实现地域文化的创新发展，各个城市或地区可以利用自身地域文化资源优势打造出一张极具代表性的"名片"。

我国旅游文创产品形式单一的原因在于许多地区不重视旅游文创产品

的开发，这致使许多地区的旅游文创产品不能充分利用自身地域文化资源优势，不能开发出凸显自身地域文化特色的、种类丰富的旅游文创产品。以临安地区旅游文创产品开发为例，当地的山核桃虽然比较出名，当地旅游文创产品多以山核桃为主，但其包装设计存在雷同现象，消费者在购买临安山核桃相关旅游文创产品时不能充分感受到当地特色地域文化，而且产品包装设计的同质化也难以激发消费者的购买欲望。

2.良莠不齐

我国旅游文创产品存在良莠不齐的问题，产生这一问题的原因为不同地区、不同企业对旅游文创产品研发的重视和投入程度不同，而且不同文创团队的实力也存在一定差异。各种因素导致不同旅游文创产品的质量产生较大差异，造成我国旅游文创产品良莠不齐的局面。品牌旅游企业对旅游文创产品的研发相对重视，研发的旅游文创产品往往能够充分运用地域文化视觉元素，且能够保证旅游文创产品制作精良，兼顾实用性与纪念性等。一些对旅游文创产品研发不够重视的企业生产出来的产品质量较差，产品运用地域文化视觉元素的方式相对简单，地域文化与产品之间的融合较松散，往往只是机械地将与地域文化相关的简易图案印刻在产品上。这种品质较差的旅游文创产品缺乏设计感，没有充分考虑消费者的心理和需求，不能为消费者提供良好的购物体验，传递地域文化的作用相对较弱，难以打造优秀的地域文化品牌。

（二）旅游文创产品的特点

旅游文创产品最初被人们称为旅游纪念品，当时的旅游纪念品具有较严重的同质化问题，产品价格较低，品质较差，且缺乏创新，主要发挥纪念价值。在人们精神消费需求日益增长的当下，品质较差、同质化问题严重的旅游纪念品难以满足人们个性化的精神消费需求，旅游文创产品的研发和设计也逐渐进入高级阶段，地域文化视觉元素在旅游文创产品中的应用愈加拥有广度和深度，旅游文创产品创造经济价值的能力明显提升，相应市场拥有良好的发展前景。旅游文创产品研发力度增大，有利于中华优秀传统文化的表达和传播，能够进一步满足当代消费群体对旅游产业和文创产业的需求，用户购买旅游文创产品的体验将有效提升。同时，旅游文创产品的研发还可以创造较丰厚的经济效益，具有较高的社会投资回报率。旅游文创产品的特点包括以下几点。

1.强调产品的实用性

产品设计需要从市场需求出发，契合市场需求的产品设计更容易获得市场认可。市场需求可以简单地看作一定价格水平下消费者愿意购买的数量。旅游文创产品设计、研发等方面强调产品的性质，需要衡量市场需求，需要参考不同价格水平和质量档次的市场效果，而不能将旅游文创产品完全当作艺术品看待，在设计过程中只考虑其艺术价值和文化价值等。

2.具有地域文化特色

旅游文创产品的出现是为了满足人们在游览景区时产生的一系列文化需求，产品需要具有相应的地域文化特色，才能达成这一目标。将地域文化视觉元素应用于旅游文创产品设计是一种必然趋势。在旅游文创产品具有地域文化特色的情况下，游客在购买时才更容易产生将喜爱的文化产品带回家的冲动。优秀的旅游文创产品设计也会使产品更具纪念意义，从而满足游客的各种文化需求，提升旅行的体验感。

3.具有创新性

旅游文创产业具有创意产业的属性。旅游文创产品设计需要具有创意，且产品创意越优秀，越能创造出更高的产品附加值，最终影响旅游文创产品的价格。旅游文创产品设计在适应相应市场需求的同时还必须具有一定的创新性，而产品创意能够对产品的价格产生重要影响。优秀的产品创意能够得到市场的认可和欢迎，产品价格自然水涨船高。在相同的生产成本下，旅游文创产品价格的差异来自产品创意的好坏。在旅游文创产业竞争日益加剧的情况下，加强创意产品设计，能够有效提升旅游文创产品的市场竞争力。

（三）旅游文创产品中的文化传承与摒弃

旅游文创产品设计以文化为核心，促进文化的传承与创新是旅游文创产品设计重要的立足点。文化中蕴藏着先辈们创造的精神财富，牢记历史使命，能够使人们从中获得强大的精神力量，促使人们更加积极地投入创造美好未来的事业中。文化是人类得以不断延续的重要基础，对于一个民族来说如同建筑的根基一样重要，根基不牢的话任何建筑都将不稳定，随时可能崩塌。一定区域内，人们在社会实践过程中创造出优秀的文化，各种文化成果经过不断传承而留存下来，博物馆等场所将优秀文化成果保存起来并进行展示，使过去的地域文化较为全面而真实地呈现在人们眼前，人们可以从过去的遗迹或文物中对相应文化进行了解，探索相应文化的起源、特点等。旅游文创产品可以承载地域文化信息，并通过巧妙的创意设计进一步诠释地域文化，促进地域文化的表达和传播，同时还具有宣传、推广相应地域的作用，使相应地域被更多人了解和熟知。随着旅游文创产品从相应地域文化的生成地不断流向其他地区，相应地域文化也将走向更多地区，与其他地区的文化展开交流和碰撞，不同地域文化在交流和碰撞中相互影响并逐渐融合，促使地域文化实现融合创新发展。因此，人们可以通过发展旅游文创产业来保护、传承和创新地域文化。设计师首先需要充分了解并深入挖掘地域文化，然后才能通过文创设计将地域文化的真正内涵表达出来，才能使优秀传统地域文化与现代潮流有机结合在一起，才能充分地利用地域文化中的视觉元素。

地方性的文化资源内容丰富，但旅游文创产品设计在利用地域文化资源时需要做好文化传承与摒弃工作，避免因文创设计造成对历史文化的歪曲。旅游文创产品设计只有做好文化传承与摒弃工作，旅游文创产业才能持续稳定发展，形成良性循环。旅游文创产品设计必须建立在尊重历史、保护历史的基础上，设计师可以使用现代手法进行创新设计，使旅游文创产品设计更符合现代消费者的审美观念和审美习惯。文化的传承和摒弃具体是指保留和传承优秀文化，摒弃文化中的糟粕，可以总结为取其精华、去其糟粕。不同时期、不同社会环境所形成的文化有所差异，有些文化在过去时期的特定环境下可能具有特殊意义与价值，但在新的时代背景下可能并不适用，甚至与新的社会环境相违背。历史的车轮滚滚向前，时代发展促使文化不断演变，使文化在不同时代产生不同的应用价值。进入新时代，过去的、不适宜当前时代背景的文化被人们摒弃。旅游文创产品设计在运用地域文化视觉元素、促进产品与地域文化融合时，必须顺应时代发展的潮流，做好地域文化的传承与摒弃工作。只有这样，旅游文创产品才能更加符合现代消费者的价值观、审美观，才更容易被大众接受和认可。

二、地域文化元素在旅游文创产品中的应用

（一）地域文化中的人文情怀元素在旅游文创产品中的应用

旅游文创产品具有强大的融合能力，能够将各种类型的地域文化融入其中。任何地域文化都可以在创意设计的推动下与旅游文创产品的功能性相融合，将地域文化视觉元素应用于旅游文创产品设计中具有极强的可行性。旅游文创产品拥有独特的价值和优势，强大的融合能力就是其独特优势之一，这种优势对旅游业发展具有良好的促进作用。这种融合能力能够促使旅游文创产品设计实现各种地域文化与任何产业、形式的有机结合。例如，地域文化可以与工艺品、生活用品、农产品、人的情怀等有机结合在一起，并在文创设计推动下成为各具特色的旅游文创产品，表达出不同地域文化的内涵。因此，地域文化中的人文情怀元素可以应用于旅游文创产品设计中，形成"地域文化+情怀"的旅游文创产品。

在"地域文化+情怀"的旅游文创产品中充分运用地域文化视觉元素，可以有效增强产品引发消费者共鸣的能力。以杭州晓风书屋推出的丰子恺限量版（款）文创产品为例，该系列的文创产品主题为"杭州"，具体为4款保温杯。该文创产品的主题与地域联系在一起，将具有地域文化特色的元素运用于文创产品的创作过程中。我国杭州西湖被誉为"人间天

堂"，古代众多文人墨客在面对西湖的自然景色时会产生各种情感，并挥毫泼墨留下众多描绘西湖景色的优秀作品，如"水光潋滟晴方好，山色空蒙雨亦奇"将西湖的景色生动形象地展现在人们眼前。杭州地处江南水乡，给人以温存多情的感觉。拱宸桥不仅连接着运河两岸，还将历史和现实串联起来，人们在游览景区的过程中可以从桥上感受到浓厚的历史气息。杭州美景既可以为过去的文人墨客提供创作灵感，也可以为当下旅游文创产品设计提供创作土壤。展现杭州地域文化特色的旅游文创产品具有良好的市场发展空间。以"杭州"为主题的丰子恺限量版（款）文创产品，就是从丰子恺先生创作的与杭州日常生活密切相关的作品中提取相应地域文化元素，并将提取出来的元素运用于文创产品设计中。丰子恺先生是我国现代书画家、文学家、漫画家，被誉为"中国现代漫画的鼻祖"，为我国教科书绘制了众多插画。丰子恺先生经常绘制"杭州"题材的作品，具有杭州地域特色的建筑、植物、人文等信息都可以通过绘画形式展现出来。杭州晓风书屋推出的4款"杭州"主题保温杯将丰子恺先生的"人民的西湖""好花时节不闲身""折得荷花浑忘却"等图案运用于保温杯的造型设计中，使人们通过与杭州相关的图案了解杭州地域文化。对于怀念丰子恺先生的消费者来说，该文创产品还具有人文情怀元素。将地域文化中的人文情怀元素运用于文创产品中，能够满足相应消费者的情感需求。

（二）地域文化中的自然生态元素在旅游文创产品中的运用

自然生态元素源于自然，是整个自然生态系统中的一部分，其生存方式自然形成，完全遵循自然发展规律，是大自然鬼斧神工的杰作。地域文化中的自然生态元素具有自然生态的特质，能够体现出人与自然和谐共处的理想状态。将地域文化中的自然生态元素运用于旅游文创产品中，能够充分反映人与自然和谐共处的环保理念，使文创产品设计形成更强的自然生态属性，消费者能够从相应文创产品设计中感受到来自自然生态的独特魅力，逐渐形成或进一步加深人与自然和谐共处的思想观念。这种类型的文创产品受到拥有自然生态元素偏好消费群体的喜爱，更符合这类消费群体的审美观念与习惯等。随着人们受教育水平的不断提高，以及国家相关政策的不断引导，当下时代人们的环保观念在不断加强，越来越多的人加入人与自然和谐相处的研究和探索中，追求自然生态美学、对人与自然和谐共处感兴趣的人越来越多，相应地，在旅游文创产品设计中运用地域文化自然生态元素的产品越来越受到市场的欢迎和认可。

以临安山核桃文创产品为例，临安山核桃是临安当地的干果特产，将其应用于当地旅游文创产品中，可使产品形成临安地域特色，并具有表达和传播临安地域文化的作用。山核桃生长于自然生态环境的山地中，优越环境下自然成熟的山核桃具有丰富的自然气息，与当下时代流行的"绿色、无添加"概念相呼应，受到当下市场的认可和欢迎。设计师利用山核桃进行旅游文创产品设计，能够体现出以自然生态为核心的设计理念，山核桃本身浓郁的自然气息能够引导消费者产生置身自然生态环境的感觉，而且能够帮助消费者进一步了解临安地区的文化特色。临安山核桃已经成为临安地区具有代表性的旅游文创产品之一，受到各地消费者的普遍认可和喜爱，也是消费者赠送亲友的良好选择。

（三）地域文化中的历史文化元素在旅游文创产品中的运用

苏堤春晓是西湖十景之一，也是杭州的特色风景。这一景观自北宋建立，在人们的保护下延续到今天，成为杭州地域文化的组成部分。苏堤南起南屏山麓，北至栖霞岭下，是苏东坡任杭州知州时在治理西湖过程中构筑起来的，人们为了纪念苏东坡的功绩将之取名为"苏堤"。苏堤旁种植了大量花木，所种植的花木种类丰富，包括碧桃、垂柳、芙蓉、紫藤等。春天到来后，苏堤之上新柳如烟、好鸟和鸣，如同报春使者一般；杨柳夹岸、艳桃灼灼，再有湖波如镜、映照倩影，岸上春景与湖中倒影相映成趣，共同营造出动人的意境之美，人们用"苏堤春晓"形容此景观。"苏堤春晓"作为杭州的特色美景，也是杭州地域文化中的历史文化元素，经常被应用于旅游文创产品设计中，且相关文创产品受到消费者的欢迎，引得人们争相购买。例如，设计师将"苏堤春晓"的美景与旅游纪念章（币）相结合，使旅游纪念章（币）与杭州地域文化中的历史文化元素紧密结合，提升了旅游纪念章（币）的纪念价值，促进了杭州地域文化的传播。历史文化元素与旅游文创产品的有机结合能够产生良好的效果，这种设计方式十分常见。

三、地域文化视觉元素与旅游文创产品的关联性分析

（一）宣传性

旅游文创产品要想获得市场的认可和消费者的青睐，必须具备良好的创意设计，产品质量必须过关。同时，产品的宣传和推广也十分重要。旅游文创产品设计中运用地域文化视觉元素，可以使产品充分表现出地域文化特色，增加产品的韵味。地域文化的内涵也将通过文创设计得到传播，消费者能够从中更加深刻和全面地理解地域文化的特殊性和特色。旅游文创产业具有宣传旅游景区、带动景区经济发展的作用。旅游文创产品设计能够得到更多消费者的认可，产品的宣传推广越有效，则宣传旅游景区、带动景区经济发展的作用越强。旅游文创产品选择的宣传形式和方式能对最终宣传效果产生一定影响，并在一定程度上决定旅游文创产品对市场的吸引力。

（二）纪念性

游客在游览相关景区或景观后会产生一定记忆，当下游客经常利用手机等设备对景区或景观进行拍照来记录美景，生成的照片具有唤起游客游览记忆的功能。人们在日常生活中可以利用浏览照片的方式重新回顾游览相关景区或景观的过程，照片对景区或景观的真实记录能够帮助人们找回"曾经的记忆"。旅游纪念品具有与照片相似的作用，并能成为人们深入了解景区的一种途径。旅游文创产品可以承载地域文化信息，具有一定纪念性，能够帮助人们回忆旅程，感受地域文化。人们对旅游景区或景观的留恋之情可以通过旅游文创产品得到满足，好的旅游文创产品设计能够使

人产生身临其境的感觉。在旅游文创产品设计中，可以将一定区域内独具特色的风俗习惯、历史文化特征、自然生态景观等表现出来，将各种类型的地域文化元素运用于旅游文创产品设计中。好的旅游文创产品还可以给予消费者良好的购物体验和使用体验，带给消费者好的旅行体验。旅游文创产品的历史文化属性及艺术价值等赋予其良好的历史性和纪念性，旅游文创产品设计过程中重视历史文化意义的表达，能够增强其历史性和纪念性。当游客将旅游文创产品当作礼品送给亲朋好友时，该产品的纪念性将进一步增强，并产生更加重要的意义。

（三）观赏性

美观性是消费者选择、购买旅游文创产品的一个重点。美观性强的旅游文创产品在宣传推广等方面具有一定优势，更容易引起消费者的关注。美观性是旅游文创产品设计的一个门槛，也是旅游文创产品设计的一个加分项。不同消费群体的审美观念差异及期望值高低等各不相同，使得不同消费者观赏同一件旅游文创产品的感受有所不同。对于不同消费者来说，同一件旅游文创产品的观赏价值会产生差异。因此，在旅游文创产品设计之前进行市场调研十分重要，通过调查、分析等工作掌握不同消费群体的审美观念、审美习惯等，可以使文创产品设计因人而异，从而更好地满足不同消费群体的审美需求，促使不同消费群体产生购买欲望。

（四）教育性

教育的作用越来越受到人们的重视，而过去的旅游产品设计主要将重点放在美观性和功能便捷性等方面，设计师更愿意在产品的美观性和功能便捷性等方面花费时间和精力，而忽视了对产品教育性的设计。教育性体现在旅游文创产品设计中的形式多种多样。例如，利用文字、具有代表性的人物形象等体现教育性，使旅游文创产品产生强烈的教育与警示作用。

第三节　地域文化视觉元素应用于旅游文创产品设计遵循的原则及相关设计方法

　　旅游文创产品设计中，地域文化视觉元素占据主导地位，产品设计通过地域文化视觉元素可以表达和传播地域文化内涵，是旅游文创产品产生艺术性、人文性的重要因素，是旅游文创产品形成市场竞争力的关键。一个城市的文化形象受到城市地区文化和社会发展水平的影响。当一个城市的经济、社会、政治、文化等实现全方位、多层次的快速发展时，该城市的文化形象也会得到相应提升。时代发展变化导致地域文化发生相应的演变，一些地域文化视觉元素在跟随时代发展演变过程中逐渐流失，其中的部分地域文化视觉元素包含丰富的历史文化信息，但可能在演变过程中被忽视，并导致相应地域文化失去传承。在旅游文创产品设计中充分利用和开发地域文化视觉元素，能够有效促进地域文化的传承与发展，并为相关地区创造巨大的经济价值。

一、地域文化视觉元素应用于旅游文创产品设计遵循的原则

（一）实用性与美观性相结合原则

　　实用性与美观性相结合原则是文创产品设计与开发需要遵循的基本原则之一。旅游文创产品设计同样需要遵循这一原则，使产品在实用性与美观性方面保持协调与统一。实用性与美观性兼顾的文创产品更能获得消费者的认可，在表达和传递地域文化方面能够产生更加良好的效果。

　　审美活动自古以来就是人类最基本、最普遍也是最高级的活动方式之一。人们在生活中经意或不经意间从事相应审美活动，并获得不同程度的审美感受和体验，人们的生活因此变得丰富多彩。这种最普遍的、最基本的审美活动方式在人们追求美好事物的本能下产生，可以说每个人都会对

美好的事物产生喜爱之情，这种感情也是人类最朴素的情感之一。"爱美之心，人皆有之"，人的爱美之心自古以来就受到重视，在人们审美需求的推动下，丰富多彩的、美丽动人的设计或形式逐渐形成并产生各种艺术。美术、雕塑、音乐、舞蹈等艺术形式的产生都源于人们的审美需求。自古以来，人们就在生活用品、生产工具等器物上开展设计活动。例如，人们在衣服上缝制各种图案，以使衣服更美丽。在古代，身份越高的人穿的衣服越华丽；在现代，人们依然会对华丽的、设计精巧的衣服产生喜爱之情。因此，旅游文创产品设计需要遵循美观性原则，从而满足消费者受众的审美需求。产品设计需要对市场进行调研，在掌握不同消费群体的审美需求后，才能设计出满足不同消费者审美需求的产品。实用性与美观性相结合的原则要求旅游文创产品设计从消费者的审美需求出发，结合实用特性设计出能够满足消费者审美需求并帮助消费者解决实际问题的产品。在调研过程中需要了解消费者的内心喜好及市场导向等因素，具体涉及消费者喜爱的色彩、图形等方面。产品的实用性要求产品在解决实际问题的过程中具有良好的便利性与耐用性，使其满足现代社会的功能性需求，并产生一定的应用价值。旅游文创产品设计遵循实用性与美观性相结合的原则，可以避免产品出现"中看不中用"的问题，使产品为消费者提供更多的帮助，增强消费者与产品之间的互动，促使消费者对产品产生更多的好感，从而有效提升用户购物体验，发挥传播地域文化的作用。

旅游文创产品设计的实用性与美观性达到有机统一，设计出来的文创产品容易给消费者留下深刻印象，且能够激起消费者的购买欲望。例如，杭州晓风书屋推出的丰子恺限量版（款）旅游文创产品就遵循了实用性与美观性相结合的设计原则，印刻有丰子恺先生"杭州"题材作品图案的保温杯，既能体现杭州地域文化特色，还能满足消费者怀念丰子恺先生的情感需求，同时具有良好的应用价值，该旅游文创产品集美观性、实用性、收藏价值于一体。

（二）传承性与创新性相结合的原则

地域文化视觉元素能够表现出一个区域范围内的文化内涵与地方特色等。旅游文创产品设计运用地域文化视觉元素遵循传承性原则，具体是指传承优秀地域文化，摒弃文化中的糟粕。不同时期形成的地域文化相对来说更加适应当时特定的社会环境，而时代发展促使社会环境不断发生改变，地域文化则需要跟随时代发展产生相应变化。旅游文创产品设计运用地域文化视觉元素需要顺应时代发展、地域文化演变的潮流，做好文化的传承与摒弃工作。符合现代发展潮流的、先进的文化应得到传承，与现代发展潮流相违背、过时的文化则应摒弃。传承性传达出来的是一种坚持的设计原则和文化理念等，优秀的地域文化在这一设计原则下得到继续传承和发扬。具有当下时代特征的、被消费者接受的创意想法或思想理念的旅游文创产品设计因此而具有创新性和创造性，使消费者从产品设计中感受到更多新鲜感，引起消费者的兴趣和购买意愿。同时，旅游文创产品设计遵循创新性原则可以促使传统地域文化与现代潮流文化实现融合发展，并可以进一步促进传统地域文化的创新发展。

旅游文创产品设计遵循传承性与创新性相结合的设计原则，可以促进优秀传统地域文化的传承和创新发展，能够充分体现对优秀传统文化、优秀创意想法的认可和尊重。设计原则中传承性的核心是弘扬优秀传统文化，创新性的核心是加入设计师的创意想法或前卫理念。传承性与创新性的结合在旅游文创产品设计中可以产生相辅相成、相得益彰的效果。传承性中存在的不足或短板可以被创新性弥补，而创新性中存在的不足或短板也可以通过传承性得到补充，二者相互结合、相互补充，使旅游文创产品设计更加完美、协调。传承性与创新性的结合可以看作传统文化与现代潮流文化的结合，旅游文创产品设计只注重传承性而忽视创新性，则会使设计出来的旅游文创产品缺乏新意，与当下时代脱轨；而旅游文创产品设计只注重创新性而忽视传承性，则会使设计出来的旅游文创产品无法充分表达地域文化的内涵，文创产品与当地地域文化的联系将减弱。

要想使传承性与创新性有机结合，设计师需要慧眼识珠、精心设计。设计师可以从被市场认可的优秀设计中汲取经验，借鉴和学习前人文创设计的技巧，使地域文化视觉元素更加自然、充分地融入文创产品设计中，并实现传承性与创新性的有机结合。设计师需要从多方面入手对地域文化视觉元素进行汇总，并从中筛选出适宜加入文创产品设计的可行性元素，历史故事、地理环境、民俗习惯等可以作为地域文化视觉元素的来源。选择适宜的地域文化视觉元素后，设计师可以从图形、色彩、材质等方面进行再创作，利用自身创新性思维等赋予地域文化视觉元素以创新想法和设计等，促使地域文化与现代潮流相结合，使旅游文创产品设计兼具良好的传承性与创新性。例如，设计师可以从民间剪纸艺术中提取大量的地域文化视觉元素，并利用传统剪纸作品的图案、色彩等设计旅游文创产品，但是如果设计师只是将传统剪纸作品的图案、色彩简单移植到各类产品上，而不加入自身创新想法和设计，那么旅游文创产品的创新性就明显不足，设计出来的旅游文创产品将难以满足现代消费者的精神需求。

优秀的旅游文创产品设计中，传承性与创新性相互结合、相互补充、相辅相成，这使旅游文创产品既能表达和传递优秀传统文化，又具有充足的现代美感，缺少任何一方都会导致旅游文创产品设计出现一定缺憾，使其表达和传播地域文化、促进当地经济发展的作用相应减弱。设计师在应用地域文化视觉元素时需要考虑多重因素，而不能只是单一地应用。深入理解地域文化的内涵是应用地域文化视觉元素的基础，设计师可以利用现代设计方式、创新性思维等表现其对文化的深度解读，使地域文化视觉元素的应用获得时代赋予的特性。地域文化通过文创产品设计得到表达和传播，文化内涵就会不断传承下去，旅游文创产品设计将拥有更高的艺术美感，消费者的情感需求等将得到进一步满足。

总之，旅游文创产品设计应贴合现实和人民的真实需求，遵循市场导向性原则，满足消费者的审美价值和功能性需求。设计师需通过市场调研了解消费者信息，包括性别、学历、年龄、兴趣、偏好等，使设计更精准地满足个性化需求，贴近现实生活和人民大众。市场调研越深入，产品设计越贴近现实和人民大众，越能满足消费者的需求，旅游文创产品的实用性和美观性将更加紧密地融合在一起。充分的市场调研有助于设计师及时调整产品设计，促进产品推陈出新，保持消费者对产品设计的好奇心，使产品销售在市场中持续获得优势。旅游文创产品的持续更新迭代有助于地域文化的传承和创新。

二、地域文化视觉元素应用于旅游文创产品的相关设计方法

（一）叙事故事法

讲故事是人们生活中十分常见的信息表达和传递方式。上古时期，甚至更加久远的时期，人们便利用叙述故事的方式表达和传递信息，使人类社会实践经验得到不断传承和创新，上古神话故事到今天依然在流传。人们可以从上古神话故事中感受到人类早期对世界的认识。人类文明发展的进程在很大程度上依靠人与人之间口口相传的故事得到记录，即使现在进入互联网时代，人们表达和传递信息的方式更加丰富，而叙述故事依然是人与人之间传递信息及教授知识最便利、最快捷、最高效的方式。

在叙述故事过程中，复杂的内容可以得到简化，一些复杂的名词通过口语化的方式展现，故事细节将被叙述得更加生动形象。相应地，听故事的人能够更加快速、更加有效地接受并理解故事内容。旅游文创产品设计采用叙事故事法，能够使相应地域文化内涵表达和传播更加高效，用户从产品中体会到的文化内涵将更加深刻。旅游文创产品设计不能只是简单地"贴图"，要能够引起消费者对产品设计背后文化故事的兴趣。消费者在不断接触和使用产品的过程中会不断思考文化故事的内涵，消费者的视野得到拓宽，其内心的文化世界将更加丰富，消费者的价值观等也可得到重塑。旅游文创产品运用叙事故事法是以叙事的方式诠释相应地域文化，从而使产品更加高效、生动地表达和传递出相应文化内涵等。消费者除可以在视觉上感受产品设计的美感外，还可以从内心感受故事所传递的精神力

量和思想情感，这种旅游文创产品自然会受到更多消费者的喜爱。本小节将从直接性故事融入和间接性IP形象融入两个方面来阐述叙事故事法在旅游文创产品设计中的应用。

1.直接性故事融入

可以利用直接叙述故事的方法将地域文化视觉元素运用于旅游文创产品设计中，这种方法的应用需要旅游文创产品设计从相应地域文化资源中借力，地域文化资源背后蕴藏的文化故事十分丰富，并能够充分体现地域文化的内涵。故事相较产品来说更容易引起消费者的兴趣并实现广泛流传，运用直接叙事故事法有利于拥有独特脉络旅游文创产品的形成。设计师在向地域文化资源借力时，需要充分挖掘地域文化背景，非物质文化元素的人物背景、历史文化元素的历史典故、自然文化元素的提取工艺等都可成为设计师叙述故事的内容。

杭州映波桥旁矗立着一座苏东坡名人事迹纪念馆——杭州苏东坡纪念馆。该纪念馆在国内外享有一定声誉，该纪念馆结合自身文化资源推出相应的旅游纪念产品，苏东坡名人事迹通过产品设计实现故事叙述。该纪念馆的文创团队利用自身文化资源设计和演绎苏东坡这一人物形象，利用插画的形式将苏东坡的故事灵活地表达出来。文创产品从非物质文化元素角度出发，从中选取与苏东坡这一人物形象关系紧密的典型故事或关键词，然后将人物形象、丰富色调、季节性元素等与选取的故事和关键词进行有机结合，最终完成具有故事叙述功能的旅游文创产品，相应地域文化视觉元素被合理地应用于文创产品设计中。用户在接触和使用相应文创产品时，能够感受到将地域文化视觉元素应用于文创产品设计中所产生的艺术美感，并结合典型故事和关键词等展开联想和想象，从而对相应地域文化产生进一步深入了解的兴趣。苏东坡的名人事迹通过产品设计直接地叙述出来，以苏东坡名人事迹为主题的该系列旅游文创产品使用了直接性故事融入的叙事故事法，产品设计整体具有较强的戏剧性和故事性。其中，设计师选择"出人头地""胸有成竹""月白风清""坚韧不拔""杭州市市长""知州大人"等与苏东坡关系紧密的关键词与苏东坡的人物形象、色调等进行有机结合。

2.间接性IP形象融入

旅游文创产品设计融入IP形象可以突出产品设计的主题,间接性完成文化故事叙述,在叙述文化故事方面具有独特优势。陕西历史博物馆及其文创团队以"唐三彩"仕女俑为原型设计出"唐妞"这一IP形象,该IP形象身材丰满、穿着襦裙,使古代"唐三彩"仕女俑以萌系性的卡通角色重新出现在人们面前,"唐三彩"背后的历史文化故事通过这一IP形象间接性地叙述出来。西安拥有"文化古都"的称号,地域文化资源十分丰富,"唐妞"这一IP形象融合西安的众多历史文化元素,成为西安的典型IP形象。随着该IP形象不断活跃于大众视野中,西安的古老文化重新焕发活力,西安地域文化故事以新时代视角重新叙述出来,吸引了更多年轻消费者对西安地域文化的关注,更多"新鲜血液"加入西安地域文化的传承和创新发展过程中。西安地域文化视觉元素通过现代设计方法融入文创IP形象设计中,使"唐妞"这一文创IP形象更加契合当下时代消费者的审美观念,相应地域文化通过这一IP形象设计以叙事性视角完成故事叙述,使地域文化的表达和传播变得更加生动有趣。将该文创IP设计应用于旅游文创产品设计中,相应旅游文创产品获得了更强的市场竞争力,相关旅游文创产品创造经济价值的能力得到了相应提高。同时,产品能够促进相应地域文化在当下时代背景下进一步实现传递和创新,使地域文化得到更加广泛的传播,用户对相应产品背后文化故事的理解将更加深入和全面。

(二)提升产品功能性,增强产品趣味性

美观性、实用性、传承性、创新性、趣味性等是旅游文创产品应具备的特点,这些特点是激发消费者产生购买欲望、提升旅游文创产品市场竞争力及增强旅游文创产品表达和传播地域文化效果的关键。提升产品功能性、增强产品趣味性可以赋予旅游文创产品实用性和趣味性,是旅游文创产品设计成功的关键。旅游文创产品设计运用地域文化视觉元素同样需

要提升产品功能性，增强产品趣味性。在当前科学技术飞速发展的背景下，旅游文创产品的功能可以更加多样化，旅游文创产品的趣味性也将得到提升。

诺曼在《情感化设计》中提出，正面的积极情绪可以帮助人们释放压力和激发求知欲望。旅游文创产品设计需要满足消费者审美需求，使消费者产生兴趣，如此才能让消费者为相应产品买单。趣味性简单来说就是要使人感到有趣，旅游文创产品要获得趣味性则需要在设计时以有趣为宗旨，使消费者感到有趣。旅游文创产品以文化为核心，促进相应地域文化的表达和传播是产品设计的重要目的之一。因此，旅游文创产品设计要突出文化主题内涵中的趣味，使消费者对相关文化主题内涵感到有趣，并对相应文化内涵产生求知欲望。如此，消费者才能更加积极主动地接受和理解相关文化信息，购买相应旅游文创产品的欲望也会进一步增强。同时，充分利用科技发展力量将现代科技成果运用于旅游文创产品设计中，可以提升产品附加值并创造更多经济价值。功能性差异更大的旅游文创产品更受年轻消费者的认可和欢迎。与科技元素融合的旅游文创产品在功能性差异方面显著增强，使相应旅游文创产品更具特色，从而促使相应旅游文创产品走向高端市场。

在旅游文创产品设计中，充分利用地域文化视觉元素及科技发展成果能够有效提升提升旅游文创产品的趣味性和功能性。具体设计方法如下：

（1）深入挖掘地域文化视觉元素。通过对地域文化视觉元素的深入挖掘，可以发现其中蕴含的独特魅力和文化内涵，从而为旅游文创产品设计提供丰富的素材和灵感。例如，在唐妞这一文创IP形象的设计中，可以进一步结合唐朝时期的文化特点、风俗习惯、艺术风格等进行创新设计，将其融入旅游文创产品设计中，形成更加具有特色和趣味性的产品。

（2）运用科技手段创新设计。借助现代科技手段，可以在旅游文创产品设计中实现更多的创新和突破。例如，利用虚拟现实技术、增强现实技术等，可以让消费者更加深入地体验相应地域文化的魅力，提升旅游文创产品的趣味性和互动性。此外，通过智能化技术的应用，可以让旅游文创产品具备更多的功能和实用性，如智能导览、语音讲解等，从而满足消费者对智能化、便捷化服务的需求。

（3）注重用户体验和情感需求。旅游文创产品不仅要具备美观性和实用性，还要关注用户体验和情感需求。在设计中，应从用户的角度出发，了解用户的需求和喜好，从而设计出更加符合用户情感需求的产品。例如，在旅游文创产品设计中可以加入一些互动性元素，如触摸感应、灯光效果等，让消费者在使用产品时获得更多的情感体验和互动乐趣。

（4）结合时尚元素和流行文化。旅游文创产品设计不仅要传承传统文化，也要结合时尚元素和流行文化，以适应现代消费者的审美需求和市场变化。在设计中，可以将传统元素与现代设计方法相结合，或者将传统元素进行时尚化处理，使旅游文创产品更加符合现代消费者的审美趣味和消费习惯。例如，在唐妞这一文创IP形象的设计中，可以结合现代时尚元素和流行文化，对唐妞的形象进行更加时尚化、现代化的处理，以吸引更多年轻消费者的关注。

（5）多样化产品线和服务。为了满足不同消费者的需求和喜好，旅游文创产品应该具备多样化的产品线和丰富的服务内容。在设计中，可以根据不同类型消费者的需求和喜好，设计不同类型的旅游文创产品和服务，如文化纪念品、手工艺品、艺术品、生活用品等。此外，还可以根据不同地域文化的特点，设计具有地域特色的旅游文创产品和服务，以满足消费者对独特文化体验的需求。

首先，提升旅游文创产品的趣味性需要设计师从消费者的需求出发，结合地域文化的特点，创造出具有实用价值和趣味性的产品，以满足消费者的多元化需求。同时，要不断关注科技发展和时尚潮流，不断创新和改进产品设计，以保持其吸引力和竞争力。

在当前的科技环境下，旅游文创产品的功能可以更加多样化，产品的趣味性也将得到提升。例如，可以利用虚拟现实技术创造出具有沉浸式体验的旅游文创产品，让消费者更加深入地了解和体验旅游目的地的文化内涵和特色。

其次，设计师还可以将科技元素与旅游文创产品相结合，创造出具有智能化的旅游文创产品。例如，利用物联网技术将旅游文创产品与智能设备连接起来，实现远程控制和智能化管理，让消费者更加便捷地使用和管理自己的旅游文创产品。蚌埠博物馆及其文创团队将科技元素运用于相应文创产品设计中，创造了拥有新功能的感应储藏罐。该产品利用博物馆文化资源，从陶塑雕题纹面人头像中提取相应地域文化视觉元素，并将其作为创意设计的核心，使地域文化视觉元素充分运用于文创产品设计中。最终设计完成的旅游文创产品将传统文化元素、现代科技元素融为一体，结合消费者生活需求创造出具有一定应用价值的、功能新颖的旅游文创产品。该旅游文创产品具有趣味性、功能性、传承性、创新性、实用性等特点，更容易与消费者产生交互，并逐渐融入消费者的日常生活中。

最后，设计师还可以通过创意设计将地域文化元素与现代设计手法相结合，创造出具有独特性和差异性的旅游文创产品。例如，利用地域特色的材料和工艺制作出具有现代感的旅游文创产品，让消费者在欣赏和使用产品的过程中感受地域文化的独特魅力和特色。

综上所述，提升产品功能性、增强产品趣味性是旅游文创产品设计成功的关键。在设计中，应注重深入挖掘地域文化视觉元素，运用科技手段创新设计，注重用户体验和情感需求，结合时尚元素和流行文化，以及提供多样化的产品线和服务等方面进行实践和应用。这些措施的实施可以使旅游文创产品更加符合现代消费者的审美需求和市场变化，提升其市场竞争力并创造更多的经济价值，同时也可以促进相应地域文化的传承和发展，以及其在当下时代背景下的创新和传播。

第六章　基于河南地域文化的河南博物院文创产品设计

地域文化与博物馆馆藏文化之间有着紧密联系，了解一个地方的博物馆馆藏文化，对理解该地区地域文化有很大帮助。一个地区的博物馆藏品是该地区地域文化的载体，是该地区历史的见证物。通过这些馆藏品，人们能够看到该地区历史发展的进程，领略该地区历史文化的风采，并从中了解该地区地域文化的内涵。本章基于河南地域文化，对河南博物院文创产品设计进行分析。

第一节　河南博物院文创产品设计
可利用文化资源分析

一、河南博物院文化资源概况

博物院是文化历史传承的重要载体，贮存了地域历史的记忆，也为当地文创产业的发展提供了源源不断的灵感和丰富的素材。河南博物院位于河南省郑州市，创建于20世纪20年代，是我国成立较早的博物馆之一，河南博物院占地126亩（一亩≈666.67平方米），收藏文物达17万余件，现有主展馆基本陈列"泱泱华夏，择中建都"和专题陈列"明清河南""国宝特展"等展厅，尽显中原文化之美。

2009年，河南博物院入选首批中央地方共建国家级博物馆。其建筑造型以元朝古天文观星台为设计原型，采用艺术化的手法再现，方锥形冠部倒置如斗状，寓意着上承甘露，下纳地气，蕴含华夏文明取自四方、融会贯通之意。博物院外部墙面为灰色和黄褐色，寓意着黄土和黄河孕育了五千年中华文明，博物院主馆建筑外立面自上而下采用浅蓝色玻璃窗与透明彩带，蕴含着"黄河之水天上来"的诗词韵味。

博物院内收藏的从旧石器时代到新石器时代时期最早的乐器贾湖骨笛、龟背及背上所刻甲骨文、骨针等文物，印证了中国早期人类的智慧和精神活动。不仅如此，河南博物院内还收藏了造型各异、种类繁多的青铜器物，显示了不同时期的青铜文化特色，有用失蜡法铸就的云纹铜禁、猫头鹰形状的妇好鸮尊、饕餮纹和乳钉纹装饰的杜岭方鼎（兽面乳钉纹铜方鼎）等，从纹饰到器形尽显质朴豪迈、沉稳大气。除此之外，河南博物院内还有凸显我国陶瓷文化发展历史的彩陶双连壶、陶排水管道、乳钉纹红陶鼎、彩绘舞蹈伎乐陶俑群、宋朝时期著名的钧窑天青釉碗、汝窑天蓝釉刻花鹅颈瓶、定窑黑釉瓶、明清官窑瓷器，以及在中国造物史上具有特殊地位的玉制品，如西汉时期上层贵族入殓时所穿的金缕玉衣、生活写实的青玉踟坐人佩等。这些文物彰显着中华五千年文明的深厚历史底蕴，是中华文化艺术宝库中重要的组成部分。

近年来，国家大力提倡文化复兴，提高文化自信，在推动我国非物质文化遗产开发和保护方面做出了重要举措。这也从侧面助推了我国文创产业的发展，给文创产业的发展提供了重要的灵感来源和深厚的文化土壤。《唐宫夜宴》就是以河南博物院的彩陶坐姿伎乐女俑陶俑为原型创作出来的，拉近了人与历史之间的距离，创新了河南省文物保护与开发的新形式。文创IP和文创产品的爆火成为拉动我国文旅行业转型发展的新力量。2021年，河南博物院文创产品销售收入4000多万元，其中考古盲盒一款产品的收入就将近3000万元。爆款文创产品成为引领河南文化产业发展的新形式。在此情况下，深挖文创产品的可利用资源、推动文创产品投入实践成为当前河南省文创发展的根本动力。河南博物院拥有着丰富的历史文化底蕴和资源宝库，号称"一部河南史，半部中国史"。深挖河南博物院可利用的文化资源，对促进河南省文创产业的可持续发展具有重要的意义。

二、河南博物院可利用文化资源的文创产品开发实例

伸手一摸就是春秋文化，两脚一踏就是秦砖汉瓦。河南博物院拥有丰富且悠久的历史文化，自2021年春晚《唐宫夜宴》"霸屏"各大网络媒体，河南博物院就打开了"任督二脉"，各种文化创意活动层出不穷，也使河南博物院一战成名。在热度大涨的同时，人们更加关注河南博物院背后深厚的历史文化底蕴。河南博物院的成功出圈，给当下我国其他博物院的转型发展提供了一个良好机遇。但是，要想顺利推动国内博物馆市场的发展，还要顺应时代潮流，抓住文化创意产品创新与潮流的敏锐度，如此才能顺利实现"超车逆袭"。

从河南博物院近年来的文创产品和文创活动来看，其文创产品设计的可利用文化资源分为两种：一种是物质文化资源，利用河南博物院内的文物结合时代特色加以创新，既有时代特色又具有一定的实用功能。河南博物院的成功出圈，也带动了考古盲盒、钱币钥匙扣、《唐宫夜宴》版侍女手办、扇子、马克杯、T恤、笔记本等众多利用河南博物院内文物的形象而进行创意设计的产品爆火。另一种则是历史精神文化资源。《唐宫夜宴》的爆火便是最为有力的证据。近年来，国家大力提倡深挖中华民族的优秀文化基因，以多样化的形式实现中华优秀文明的再生。《唐宫夜宴》正是抓住了这一时代机遇，以唐朝仕女图为背景，结合现代的5G+AR融合科技，加以丰富的想象力和创造力，将唐朝仕女图中十四位妙龄少女在夜宴途中生动活泼的形象以舞蹈的形式展现出来。相比于古典舞的纤细唯美，《唐宫夜宴》中的舞蹈演员们身着棉服、口塞棉花，呈现出的憨态可掬的形象无疑是一次破格的尝试。正是这次破格的尝试让河南博物院的历史文化底蕴成功吸引了大量的观众，可以说，深挖文物背后的历史精神资源才是这场舞蹈成功的真正原因。

1.河南博物院可利用文化资源的文创产品设计实例——实体产品

2020年12月，一组名为"失传的宝物"的考古盲盒悄然走红。玩家通过随盒附赠的迷你版"洛阳铲"等考古工具，在一抔黄土中进行挖掘，体验考古的乐趣，最终可获得青铜器、元宝、铜佛、铜鉴等微缩文物。这种兴起的玩法一度让"考古盲盒"一盒难求。据相关统计，2021年3月，考古盲盒的月销量达22万件，成为河南博物院最受欢迎的文创产品之一。

事实上，借助盲盒的形式打开博物馆、旅游景区消费市场的营销方法并不罕见。但是相比其他景区造型简单、缺乏新意的摆件玩物来说，河南博物院推出的考古盲盒抓住了当前受众的核心需求，即未知体验和惊喜感。相比其他系列的文创产品，河南博物院所能够利用的物质资源和精神文化资源不仅丰富，而且具有巨大的衍生品开发潜力。有"一部河南史，半部中国史"称号的河南博物院开发的文创产品也具有相当高的辨识度和地域色彩，这也是河南博物院推出的文创产品能够获得极高关注度的重要原因之一。

河南博物院内的藏品达17万余件，珍贵异常，为文创产品的开发和设计提供了非常丰富的资源宝库。除九大镇馆之宝外，河南博物院以商周、春秋、战国时期的文物级别最高，青铜器、瓷器、玉器类文物最具特色。

依附于河南博物院特色文物开发的文创产品大致分为五类：第一类是书包、便签、手机壳等生活用品类；第二类是巧克力、雪糕等食品类；第三类是盲盒、八音盒、拼图、玩偶的娱乐型产品；第四类是IP联名的互联网产品等虚拟产品；第五类是《国家宝藏》《唐宫夜宴》《洛神水赋》等影视文娱产品。其中大部分的文化创意实物产品能在河南博物院中找到原型。可以说，河南博物院内收藏的文物给河南文创产业的发展提供了丰富的可利用物质资源。

河南博物院的文创产品开发呈系列化趋势。以考古盲盒为例，除经典的考古盲盒、鸮尊盲盒和侍女乐队盲盒之外，还包括失传的宝物、散落的宝物、探秘黄河流域、文物修复大师等不同系列，在盲盒产品上也积极加入了"铜镜打磨套装""洛阳铲"等产品，每月也会更新设计新的产品，最大限度体现考古盲盒所体现的价值，增加消费者的忠诚度。2021年10月1日，包括河南博物院在内的沿黄九省博物馆联合发售的"探秘黄河流域博物馆——考古盲盒"上线，其中包含9个博物馆（院）在内的馆藏级珍宝，是黄河流域博物馆联盟共同打造的首款联名文创产品。相关设计衍生产品包括各类配饰、文具、百货、水杯、帆布包、精致的奖章、胸针、冰箱贴等，满足了不同消费人群的需求。

2.河南博物院可利用文化资源的文创产品设计实例——数字产品

另辟蹊径，对于河南博物院来说无疑是一项制胜法宝。在其他博物馆专注于线下渠道的开拓时，河南博物院已经开始通过互联网打造数字文化创意IP，以多元化的方式呈现河南历史文化底蕴。

国内文创产品的开发始于2013年台北故宫博物院首创"朕知道了"纸胶带，北京故宫博物院紧随其后，凭借其强大的文化IP开发能力迅速占领国内市场。故宫文化贴纸、天坛雪糕、朝珠耳机、故宫口红、状元杯等文创产品不断上新，国内文创产品市场迅速扩展。在此机遇下，河南博物院以考古盲盒的横空出世为契机，将文创产品设计理念与博物院内的青铜器、玉器、瓷器等考古文物相结合，具有浓郁的地域文化色彩，以其原创性、独特性和差异性树立了河南博物院文化品牌的初始形象。随后，河南博物院以《唐宫夜宴》的爆火增强了与互联网社交媒体的衔接。新媒体拓展了博物院文化创意活动的宣传渠道，也让故宫博物院在其宣传和营销策略上具有更强的主动性。随着对外传播媒体的多元化，河南博物院进一步整合了现有的文化历史资源，与河南卫视联手推出"博物馆奇妙夜"特别节目，再一次将河南博物院的文化魅力展现在大众面前。

除深挖历史文化魅力之外，在文创节目中融入现代科技也是河南文化焕发勃勃生机的原因之一。《唐宫夜宴》《洛神水赋》《龙门金刚》等节目均是以现代的数字化科技融合中华传统文化理念，结合舞蹈的形式进行多样化展现，有效调动了用户的参与性和积极性。除系列节目之外，河南还利用现有的古城文化开展了多层次的线上、线下数字化融合项目，举办了黄河非遗国际创意周、"唐宫夜宴""唐宫乐宴"实景演艺等一系列活动，投资拍摄了《登场了！洛阳》《风起洛阳》《万里走单骑——遗产里的中国》，极大地提升了河南文化的关注度。围绕文化创意产业，河南做了两方面的重点工作：一是成立创意工作室，推出"奇妙游""奇遇记"等中国文化节日系列活动；二是加深与新媒体平台的合作，利用科技赋能，将文化创意与数字技术相结合。2021年国庆期间，河南博物院推出了线上考古小程序——"一起考古吧"，打破了时间和空间的限制。该小程序一经上线便吸引了超过3000万次的用户访问。此外，河南博物院还加入数字化商品热潮，2021年12月16日推出首款数字藏品——"妇好鸮尊"，2022年相继推出"人首蛇身玉饰""云纹铜禁""莲鹤方壶"三款文物数字藏品，均引起热烈的反响。

3.河南博物院可利用文化资源的文创产品设计实例——精神文化活动

博物馆是中华传统文化展示与传播的重要阵地，近年来，河南博物院开启了文创发展之路，始终坚持"让文物活起来"的工作方针，推动河南博物院实现创新性发展。河南博物院围绕"文物保护利用与文化自信自强"开启了系列主题活动，带领人们在体验中参与文化遗产的共享保护。2023年6月10日上午，河南博物院面向社会开展了民间文物公益鉴定咨询活动，积极普及相关文物的法律法规，解锁文物保护开发新形式。不仅如此，在当日，河南博物院华夏古乐团还准备了以"诗乐礼，文和鸣"为主题的华夏古乐专题赏听会，与人们共享国风音乐之美。另外，河南博物院还积极推进博物院与学校、社区多个层面的文化交流，开展"博物院寻宝"研学活动，充分发挥博物院的公共文化服务职能。河南博物院豫博红志愿者团队坚守岗位，在学雷锋志愿服务站、志愿者之家、展厅志愿者咨询台等地为观众提供咨询、文明参观引导等志愿服务。同时，在"明清河南""丹淅吉金——中原楚国青铜艺术""巧工遗珍——院藏明清珍宝展""中原古代石刻艺术"四个专题陈列展厅，志愿者还定时开展义务讲解服务。在"出彩中原——河南红色文化陈列"展厅，开展"我用我心讲党史"红色宣讲志愿服务。"着我汉家衣裳，兴我礼仪之邦"，在河南博物院文创办组织的"华服来潮"活动现场，观众身着汉服穿梭流连于古今之间。"华服来潮"的主讲人在现场为观众普及汉服文化知识，带领观众深入了解我国的传统服饰，展现中华传统文化的魅力。

除线下活动之外，河南博物院还积极丰富线上活动，聚焦地域文化特色，将国宝级的中原特色文物与文创产品实现有机串联，唤醒不同群体对历史文化的记忆。通过互联网矩阵传播，延长融媒体互动链条，打造高热度话题，有效发挥了流量带动经济效益增长的绝佳作用。河南博物院不仅积极通过各种文化创意活动提升曝光度和知名度，还创建官方网站，利用微博、微信公众号、抖音、快手等新媒体流量平台，保持"河南文化"热度不减。在河南博物院的微信公众号中，策划"河南博物院文创研发中心"专题，开设《盲盒日志》《宝物图鉴》《宝贝诞生记》等专栏活动，通过线上平台让人们积极了解文物背后蕴藏的历史文化价值。2020年，河南博物院携手30多家文化企业打造"川上曰"文创集市，积极参加各地的文博会及展览，包括"灼灼其华"亲子汉服和"其叶蓁蓁"豫博咖啡的河南博物院自主文创品牌"灼蓁"成为河南博物院的独家商标。2021年"双十一"期间，河南博物院开设"豫来遇潮"直播间，文创产品成为"双十一"销量黑马。

第二节　河南博物院文创产品设计调研与分析

随着我国博物馆创意文化产业的快速发展，对其价值意义的探讨与要求也日渐深入。博物馆文创产品作为一类特殊的文创类产品，其蕴含的价值除产品本身的实用价值和美观价值之外，在增强民族自信心、激发文创活力、拉动国民经济增长方面也具有特殊的社会价值和经济价值。

一、市场调研

（一）河南博物院文创产品现状

出于响应国家政策号召和自身的发展需求，河南博物院于2019年正式成立文创办公室，积极探索河南博物院文创产品的发展之路。其文创品牌"豫博文创"最开始是一个只有18平方米的小店，到如今已经成功推出"考古盲盒""唐宫仕女乐队手办"等顶流文创IP。除河南博物院内部及周边的实体店外，"豫博文创"已经在天猫、淘宝、京东、抖音等网络平台建立相关销售渠道，助力河南博物院文创产品的快速发展。"豫博文创"商店主营文创星光家居生活用品、文具玩具、服饰配件及精品高仿。例如，以"四神云气图壁画"为原型的金属书签、"妇好鸮尊"冰箱贴、"饕餮纹"眼罩等都是比较热卖的产品。

在"豫博文创"品牌成立之前，河南博物院的文创产品创意开发大多基于传统的创意设计模式，大多数产品为藏品的仿制品、微缩版本或者书签、手机壳一类的传统型文创产品。无论是在外形设计上还是在实用功能上都比较单一，与其他地区的旅游纪念品相比无明显的竞争优势。此外，河南博物院此前的网络营销效果并不佳，知名度远不如故宫博物院、南京博物院等其他博物院，客流量较少也是阻碍河南博物院文创产品持续发展的重要原因。

随着"豫博文创"办公室的成立，河南博物院对自身的品牌进行了全面升级，不仅在产品设计理念上进行了提升，还拓宽了网络销售渠道，通过数字化IP实现了河南博物院文创产品的转型升级。2020年12月，一名消费者在网络上分享了自己"开盲盒"的心路历程，吸引了众多网友下单抢购，考古盲盒因此在网络上有了高度的传播。究其爆火的原因，正是河南博物院深挖当下消费者的内心需求，用游戏化的方式调动消费者的主动参与能力，盲盒内设计了包括青铜器、玉器、瓷器、陶器在内近百款国宝级文物的仿制品，同时也为用户提供了诸如"洛阳铲"等一类的专业考古工具，让用户在"挖宝"的过程中体验历史的魅力，增强了博物院与用户之间的互动。

在网络宣传方面，河南博物院借助多个第三方公众平台进行引流。第一步，积极入驻支付宝、微信、小红书等互联网平台，实现快速引流。第二步，与其他平台进行合作。例如，河南博物院与支付宝平台达成合作，限时推出在线考古活动，通过将考古挖掘线上化，快速为河南博物院考古盲盒吸引流量，稳定客户。在服务上，河南博物院积极建立政务公众平台与微信小程序，围绕参观者的服务体验为消费者提供线下观展导览、场馆预约、活动预约、场馆介绍等信息服务。在内容维度上，河南博物院积极与河南电视台等媒体平台相结合，深挖河南博物院文物背后的历史文化，创作出《唐宫夜宴》《洛神水赋》《龙门金刚》等一众爆火的系列节目，打开了河南博物院的知名度，促进了河南文创产业的蓬勃发展。

（二）河南博物院文创产品设计的机遇

1.地域文化资源丰富

河南历史文化发展过程中，经济文化、政治制度及社会环境不断发展和演变，其历史文化发展的主要推动力是劳动人民的创造。在历史长河中，人们通过体力劳动和脑力劳动创造了丰厚的人文历史，地域文化充满了劳动人民的智慧与情感，文化形式通过不断创新而留存下来，与劳动人民的需求相呼应。无论是物质文化资源还是精神文化资源，都是河南博物院文创产品开发和设计可以利用的地域文化资源，其中包含大自然的馈赠、劳动人民的智慧结晶、历史文化的积淀等。

2.馆藏品拥有众多可提炼元素

河南的地域文化资源十分丰富，这片土地上的历史文明众多，且具有不同历史时期的独特文化特征。河南博物院的馆藏品十分丰富，不同历史时期、不同历史文明留下的文化资源具有各自独特的文化特征，使河南博物院的馆藏品拥有非常丰富的可供挖掘的文化内涵。河南博物院馆藏文物包括青铜器、瓷器、玉器、石刻等种类，馆藏品数量多达17万余件（套），不同历史时期的馆藏文物在造型、材质、纹饰和色彩等方面产生差异，使河南博物院文创产品设计可以从馆藏品中提取大量可利用元素。

3.大众对地域文化的认可度进一步提升

随着我国社会经济持续发展及人们生活水平的不断提高，人们在购买产品时更加注重产品传达的文化内涵，从而满足人们更多的精神需求。产品的实用性依然是人们关注的重点，同时具备实用性、美观性、文化性的产品能够在市场上获得更大的发展空间。消费者对文化精神的认知在不断增长，优秀的地域文化能够获得更多消费者的认可，产品设计融入地域文化，使产品更容易引发消费者的兴趣与购买欲望。文化产业、文创产业在当下社会快速发展，在文创产品设计中融入地域文化成为一种时代潮流。文化产业、文创产业正在全球经济发展中发挥越来越大的作用，全球文化产业、文创产业都在高速发展。我国政府充分认识到文创产业发展的重要性，根据市场变化及时制定相关政策，以引导和支持我国文创产业的发展。

（三）河南博物院文创产品价值分析

第一，经济价值。在当下社会经济发展的条件下，诸如"考古盲盒"等体验产品带来的体验型经济为河南博物院带来了较可观的经济收益。消费体验的升级更能抓住当下受众的核心需求，是支持河南博物院文创产业再生和发展的重要推动力。

第二，教育价值。博物馆的文化历史属性决定了文创产品拥有特殊的历史教育价值。随着文创产业的发展，文创产品成为拓展教育功能的重要载体。河南博物院以其深厚的历史文化吸引着众多历史文化爱好者，透过文创产品的外观形态能够看到其背后蕴含的历史文化内涵，在消费者购买产品的前期、中期、后期能够发挥不同的教育价值，在传递中华优秀传统文化、增强民族自信、提升国家文化软实力方面具有重要的意义。

第三，审美价值。激起消费者对河南博物院文创消费产品购买欲望的首要因素是其美观性。区别于其他的消费产品，河南博物院文创产品的开发深挖了博物院内众多国宝的文化魅力，在外形设计、艺术文化等方面为消费者带来了别具一格的审美体验，提升了产品的审美价值。

第四，使用价值。使用价值，即物品能够满足购买者需要的某种属性，也是文创商品固有的属性。在河南博物院开发的文创产品中，消费者虽然首要关注的不是其使用价值，但与常规的消费品、装饰用品相比，不断提高文创产品在消费者日常生活中的实用程度，更有利于博物院的文化传播。河南博物院在文创产品设计中慢慢摒弃了所谓的纪念品概念，将文创产品的设计理念与消费者的生活场景进行深度融合，从而让消费者在使用过程中感受其内在的文化。

第五，情感价值。在河南博物院的文创产品开发中，通过对文物资源及其艺术元素进行提取，开发出满足人们精神需求和物质需求双重需求的产品。消费者在购买文创产品的过程中和日常生活中都能体会到传统文化和历史价值的熏陶，对提升自身的文化素养有着独特的作用。

（四）河南省博物院文创产品的设计理念

河南博物院文创产品的设计理念总体来说是挖掘自身文化资源，通过直接运用、重构、功能组合等方式展开设计。具体来说是将从"博物院建筑""馆徽""九大镇院之宝""传统工艺""地域文化"中提取出来的色彩、材质、造型、文化故事及文化内涵元素符号等融入相关产品设计中，使相关文创产品与河南省博物院产生密切联系，并表达出河南省独特的地域文化。例如，相关文创团队从"博物院建筑""馆徽"中提取造型、文化符号并将之运用到文创产品设计中；从"传统工艺""地域文化"中提取象征意义、人文历史、文化感情等元素符号并将之运用到文创产品设计中。河南博物院文创产品的设计理念可以具体分为以下三种，即表层式、功能融合式和意蕴诠释式。

1.表层式

表层式的设计理念相对简单，以提取文物外部基础特征展开设计的理念。文物外部基础特征是指人们可以直接看到的文物造型、表面图案与色彩等，对文物外部基础特征进行提取一般可以采取直接运用的方式。因此，表层式的设计理念相较其他两种设计理念来说，文化元素提取过程相对简单。在河南博物院文创产品中，表层式的设计理念一般应用于家居用品类和文具玩具类的文创产品开发和设计中，设计团队使用平面转移的方法直接套用文物的图案或外形等，使相应地域文化元素与相应文创产品有机融合在一起。表层式的设计理念具有运用简单、可操作性强的优势。文创团队在使用表层式的设计理念时能够很快地完成相应文创产品的设计，有效缩短文创产品的开发周期，降低文创产品的开发设计成本。这种设计理念可以将相关地域文化元素直接表现出来，消费者可以直观地感受到文创产品中的地域文化元素，并对相应地域文化产生一定认知。河南博物院出土的"仕女乐队"系列文创产品就采用这一设计理念，直接从《唐宫夜宴》仕女原型中提取相关色彩和造型等地域文化元素，消费者在看到文创产品的一瞬间能够联想到火爆出圈的《唐宫夜宴》，而且《唐宫夜宴》所表达的地域文化内涵也可以通过文创产品直接表现出来。消费者在接收该系列文创产品中的地域文化信息时相对直接。

采用表层式设计理念时也需要考虑产品的功能或形态，选择地域文化元素的提取对象需要谨慎思考，而不能随意在任何文创产品设计过程中采用这一设计理念。在选择地域文化元素的提取对象时，应从博物馆中易于辨识、具有较高知名度的馆藏文物中进行选择，选择的馆藏文物要具有色彩鲜艳、造型美观、艺术感强烈、视觉冲击力较强的特点。从此类馆藏文物中提取相应地域文化元素，结合表层式的设计理念，可以充分发挥馆藏文物本身的优势。设计出来的文创产品能够相应获得视觉冲击力较强、艺术感强烈、易于辨识、消费者容易产生熟悉感等特点。设计师在直接使用文物外部基础特征所具有的相关元素时，还需要结合产品的功能或者形态进行综合考虑，使文创产品更好地将实用性与美观性融为一体，进一步提升文创产品的质量与创新性。

2.功能融合式

功能融合式的设计理念相较表层式的设计理念更加复杂，使用提取文物外部基础特征、图案平移等方法，不再能够满足功能融合式设计理念的要求。相关文创团队或设计师需要对文物的文化元素、造型等进行重组或解构等，而不能直接应用相应文物的文化元素、造型、色彩等，并最终促使提取出来的地域文化元素与产品的实用功能相结合。为达到这一要求，设计师需要深入了解相关文物所表达的文化内涵，充分了解产品的使用功能后，利用创造性思维展开文创产品设计。

利用功能融合式的设计理念设计文创产品，设计师需要从产品本身属性出发选择制作产品的材质，并使产品的材质与功能有机结合在一起，使产品的实用功能得到充分发挥。不同产品属性需要相对应的产品材质来支撑，产品材质的厚度、重量与硬度等各项条件的变化会对产品属性造成一定影响。充分考虑产品材质与功能之间的关系，并选择适宜的材质制作产品是实现功能融合式设计理念的关键之一。例如，不同产品的使用环境存在差异，产品表达的情感也会产生差异，选择适宜的产品材质会促使产品表达的情感更加真实、准确，对提升产品质量来说至关重要。

功能融合式的设计理念还需要文创产品实现造型与功能的结合，设计师可以从文物原型的造型特征出发选择与之相匹配的产品功能进行融合，从而创造出功能与造型相结合的文创产品。河南博物院推出的杜岭方杯就使用了功能融合式的设计理念，设计师结合现代人们的生活需要及杜岭方鼎的造型特征，找出二者之间高度重合性的部分，最终设计出现代人们在现实生活中可以使用的杜岭方杯。河南博物院的馆藏文物杜岭方鼎是我国商代的文物，且是我国目前发现年代最早、保存最完整的青铜重器，是我国青铜文明的纪念碑。杜岭方鼎呈方形、身腹、双耳四足的造型。这一文物的造型、纹饰等能够表达出我国商代的独特文化，杜岭方鼎上的纹饰包括饕餮纹和乳钉等。饕餮纹在我国商代具有威慑邪祟的作用，在当时人们的认知中能够庇佑主人、趋吉避凶，具有保护人们平安的寓意，且能够使人感到庄重威严；乳钉具有防滑功能。杜岭方杯保留了一部分杜岭方鼎的造型特征及饕餮纹和乳钉等纹饰，整体外形为方形造型，通体为玻璃水晶质地，使杜岭方鼎的造型与杯子的实用功能有机结合在一起。杜岭方杯上面的饕餮纹还具有"大众之眼"的寓意，杯子上使用的乳钉纹既美观又具有防滑功能。设计师还在杜岭方杯中采用红色调赋予杯子喜庆吉祥的象征意义，更加符合现代人们的审美观念，使杯子的造型与功能之间更加契合。

功能融合式的设计理念使文创产品设计更具创新性，对设计师的要求相对更高，设计师需具有良好的创新思维才能使产品材质与功能、产品造型与功能实现有机融合。设计师还需要充分挖掘文物的外形特点，了解文物背后表达的文化内涵，掌握市场需求的变化与特点等，以使功能融合式的设计理念真正体现在产品中，使相应文创产品既具有较高的应用价值，又能充分引起人们对相应地域文化的关注与思考，使消费者展开对原型文物的联想，并产生深入了解原型文物的兴趣。

3.意蕴诠释式

意蕴诠释式的设计理念在表达地域文化时相对含蓄，文创产品与原型文物之间的关联性较低，消费者不能直观感受到文创产品所借鉴的原型文物。设计师可以将情感表达作为切入点，将不同时代地域文化所传递的人文情感融入产品设计中，使文创产品与原型文物之间建立一定联系，地域文化也将通过产品设计得到表达和传播。设计博物馆文创产品时，设计师可以基于文物的文化背景展开文创产品设计，采用意蕴诠释式的设计理念使文物的文化背景与产品之间建立关联，进而使地域文化融入产品设计中。这种设计方式也需要以充分挖掘和理解文物背后的文化内涵为基础，以故事的形式将地域文化展现给消费者。现代社会大众对地域文化的了解越来越深，对地域文化的认可度不断提升，使消费者对不同历史时期的地域文化产生一定熟悉感与亲切感，并形成一定情感抒发的需求。意蕴诠释式的设计理念以情感表达为切入点，使文创产品设计更加符合现代消费者的情感需求或精神消费需求，还能使地域文化与文创产品以更加多样化的方式实现融合。

采用意蕴诠释式的设计理念展开文创产品的设计与开发，一般不会直接使用文物的外部基础特征等相关元素，而是注重文物蕴含的特殊意义的表达。消费者在第一眼看到相关文创产品时不会直接联想到相关文物，但是经过思考和想象后便能够理解文创产品背后蕴藏的与相关文物紧密联系的特殊意义。

意蕴诠释式文创产品设计难度相对较高。设计较差的产品可能导致消费者难以理解文创产品与相应文物之间的关联，更无法通过文创产品设计对相应文物产生深入了解的兴趣，文创产品在表达地域文化方面的能力明显不足。设计意蕴诠释式文创产品对设计师来说是一个不小的挑战，设计师需要深入了解文物，并要对文物所蕴含的精髓文化进行高度提炼，对文物的认知与了解若只是停留在浅层次的程度则无法完成这一挑战。只有经过高度提炼的文化，才能使消费者更加准确和快速地理解相应文化信息，进而对文物的文化内涵产生一定认知和了解，消费者才能理解文创产品与相关文物之间的关联性，消费者的精神消费需求才能得到满足。除对相应文物产生深层次的了解和认知外，设计师还必须具有高超的设计技巧，才能将文物的文化内涵和人文精神等运用到文创产品设计中，使相应文化内涵和人文精神通过文创产品得以表达和传播。

例如，商周时期的青铜器纹饰之一"四瓣目纹"，常以方形图案出现，四角为尖角状花瓣，中间为类似圆目的图形。河南博物院中的许多文物上有这一传统装饰纹样，四瓣花象征着健康、财富、名誉和真爱，具有吉祥的寓意。河南博物院文创产品"朕瞾着你芳菲"系列首饰从"四瓣目纹"中汲取灵感，将表达文物蕴含的特殊意义和文化内涵等作为文创产品设计的出发点，在外形上对"四瓣目纹"进行变形，使这一传统纹样变为适宜现代人们审美的新纹样。同时，传统纹样所表达的吉祥寓意和文化内涵在文创产品设计中继续传递给现代的人们，"朕瞾着你芳菲"系列首饰依然是现代人们追求幸福美好愿望的一种表达，"四瓣目纹"所蕴含的特殊意义和文化内涵通过"朕瞾着你芳菲"系列首饰得到表达和传递。

以上三种文创产品的设计理念具有不同的特点与优势。河南博物院文创产品开发设计，灵活运用不同的设计理念，根据文创产品的性质和相应市场需求选择与之相适宜的文创产品设计理念，使文创产品开发和设计过程更加合理，能够有效节省开发设计成本，提升产品开发设计效率，促进文创产品质量进一步提高。

（五）文创产品开发体系

在文创开发层面，河南博物院文创办公室配备专业的设计师团队负责产品的设计和开发，以用户的反馈为产品设计的主要来源，以"动态文创、精致美学、王者联动"为核心构成产品开发体系。其一，动态文创。考古盲盒及衍生的文创产品均依托于用户的反馈，促进了产品的不断迭代创新，以"粉丝即设计师"理念作为驱动力开发新的产品，完全为用户的体验服务，精准定位消费群体，满足粉丝的需求。在设计上，河南博物院充分考虑新时代新消费群体对文创产品的体验和需求。其二，精致美学。河南博物院严格按照文物体系及准确度对产品进行把关，文物的相关信息经过专家审核力求完善、精致。此外，河南博物院文物自身的地域特色和深厚的历史文化底蕴，既包含民俗、民间文化，也包含宫廷文化，各个时代都在河南留下了不同的印记，因此，在文创产品的设计上必须遵循其特有的时代特色，寻找它的美学根源。其三，王者联动。河南博物院的产品体系由大到小呈树状分枝，如由考古盲盒衍生出的修复盲盒、探秘盲盒、传拓盲盒、雕刻盲盒等，以及由《唐宫夜宴》衍生出的端午奇妙游、奇遇记等众多系列。当前，河南博物院正在依托固有的文创产品开发体系实现与其他产品的联动，让粉丝成为文创产品的忠实传播者。

河南博物院文创产品从使用功能方面可以分为五大板块，即精品高仿、家居生活、服饰配饰、文具玩具、文创食品。除最畅销的盲盒外，这五大板块中最畅销的为家居生活类文创产品和文具玩具类文创产品。精品高仿和文创食品这两大板块的产品销售数量相对较少。河南博物院文创产品设计与开发常用到的元素为"博物院建筑""馆徽""九大镇院之宝""传统工艺""地域文化"等。

二、河南博物院文创产品设计策略

通过对近两年河南博物院文创产品设计的发展来看，河南博物院销售的文创产品虽然火爆出圈，但仍然拥有非常大的发展空间。

（一）树立具有地域特色的文化定位

文创产品是河南博物院文物艺术特色、文化魅力的直接呈现。在河南博物院的文创产品设计开发中，河南博物院主动探寻最新市场消费需求，结合自身的地域文化特色进行重点开发。河南博物院将极具河南文化特色的"九大镇馆之宝"作为招牌和亮点，在文创产品的设计开发中不再以简单的实体文创产品设计为主，而是加大了数字产品、精神文化活动的开发力度，使文创产品的开发利用价值得到极大的延伸，最大限度地满足不同消费者的需求。在传统文创产品的设计理念上，河南博物院在继承的基础上寻找产品独特的文化气质，以地域性文化差异定位品牌的文化气质，加强树立河南博物院的文创品牌形象，提取河南地域特色文化基因，将民俗风情、地域美学等注入品牌，建立鲜明的品牌效应以稳定用户。河南博物院见证了中华民族悠久的历史文明，在文创产品设计上对文物的形态、外观进行有效提取，从色彩、材质、形态、纹样等方面展开产品的重塑设计，将河南博物院特有的色彩元素、纹饰元素、建筑元素等融入文创产品的设计开发中，为文创产品注入更多的文化元素，触发消费者进行感官联想。从表现手法和制作工艺上来看，河南博物院通过还原传统工艺或者利用非物质文化遗产等工艺，使文创产品具有特殊性和更大的价值。在产品的种类和功能上，河南博物院在文创产品的开发上结合生活类产品和流行性文化元素，将文创产品背后蕴含的民族文化呈现出来，对丰富大众文化、提升国学教育具有重要的促进作用。除文物自身的价值外，河南博物院也关注文物背后发生的历史故事，利用现代科技——呈现文创产品开发的缘由和背景，也对弘扬中华优秀传统文化、增强民族自信具有重要的价值和意义。

（二）"以用户为中心"的数字化开发模式

博物院是历史记忆的"保存者"，而文创产品则是历史记忆的"叙述者"。在新文创的环境之下，文创产品不仅要将文物背后蕴含的历史价值表达清楚，还要推动文创产品的发展创新，注重用户在使用过程中的体验和感知，引发消费者对历史文化内涵的情感共鸣。在数字技术的支持之下，河南博物院文创产品除了用AR、VR技术实现与观众的近距离交流外，还全方位地建立了"以用户为中心"的数字化内容传播平台，利用互联网大数据精准预测消费者对当前文创市场的需求，开拓了更广泛的销售服务市场。

更重要的是，河南博物院广泛利用网络平台的优势，以兴趣式文化的培养方式吸引了众多的新用户，增加了与用户进行互动的频率，以提供对话服务的方式减少了老用户的流失，让"历史文化活了起来"。数字化的开发模式关注不同用户之间的需求增长点，构建"消费社群"，拉近消费者与历史之间的距离。在数字产品的功能上，河南博物院在尊重以用户为中心的设计原则和注重用户体验的原则上，开发个性化产品定制服务，利用微信公众平台等开展文物历史解读、趣味化历史知识等交互式探索服务，为青少年群体开设线上体验活动，从而增强消费者的用户黏性，快速实现流量变现。

（三）以人文情怀推动文化传承

目前，河南博物院文创产品的设计与创意有了大幅提升，考古盲盒、仕女手办等文创产品在销量上一直保持着稳定增长。在其他产品上也将实用性和体验性功能相融合，着重改进了消费者反馈的内容。同时，盲盒互动环节也让用户在参与过程中不断了解文物历史背后的故事，增强了消费者的文化素养，有效建立了河南博物院与消费者之间的情感通道。

人文情怀是博物馆的重要文化底蕴。河南博物院通过树立品牌效应引发了互联网受众的持续关注。忠实用户的自发式传播方式也扩大了河南博物院文化内涵的辐射范围，将更多的潜在用户转化为消费者，实现商业变现。同时，在数字化文创产品的创作和研发上，河南博物院充分依托本地的人文历史、馆藏文物和文化元素，在一众博物馆中"杀出重围"，结合现代的表现手法，将文物背后的价值内涵巧妙地传递给观众，引发用户的情感共鸣。

（四）河南博物院文创商品设计模型构建

在新媒体时代，运用全新的互联网思维挖掘文化资源，打造有生命力的IP形象，并利用网络的力量传播给大众，将博物馆内的瑰宝以更新颖的形式带给消费者，成为当前各大博物馆推动文创产品设计创新发展的关键。利用网络思维营销优秀传统文化，同时也增加了娱乐性、趣味性，让沉睡千百年的文物走进人们的生活，利用文化创新推动河南博物院的消费升级。

《博物馆文创产品市场数据报告》显示，博物馆文创产品的受众主要是追求品质、个性化、不崇洋媚外、喜欢国风文化的人群，多是一些具有经济基础的年轻女性，她们在博物馆文创产品设计上有着明显的消费偏好。形象单一、同质化严重的文创产品很难激起消费者的兴趣。从博物馆文创产品的需求侧来看，文创产业的合理循环仍需要成熟的文创产品消费市场来支撑。目前，人们对文化消费的需求逐年上升，但是由于艺术教育发展不足、大众审美能力普遍较低、文化宣传方式不足等原因，我国文创产业的消费主力军仍是拥有一定经济基础、有一定艺术涵养和喜欢追求国风文化和新鲜事物的年轻群体，这在一定程度上制约了博物馆消费市场的发展。河南博物院要想拥有更加广阔的消费市场，必须针对不同的消费群体进行产品设计，进行有针对性的市场调研与分析，构建合理的产品设计模型，满足消费者的多样化需求。

第三节 基于河南地域文化特色的博物馆 文创产品设计实践

博物馆负责我国的文物收藏与研究工作，具有极高的文化研究价值。近年来，我国大力提倡博物馆探索丰富多元、开放共赢的发展道路，促进我国各级博物馆焕发新的生机与活力，也激发了我国文创产业的全新发展。博物馆文化资源的再利用，对增强我国文化软实力和国际竞争力有着重要的意义。在新形势、新政策的支持下，我国博物馆文化产业在内容生产、传播方式、营销渠道、应用场景、衍生产品等方面实现了突破，也在一定程度上拉动了国内经济消费的增长，促进了我国文创产业的繁荣发展。

互联网发展推进"信息化"时代的到来，国内旅游市场规模稳步扩大。互联网使数字化应用场景推进了博物馆数字化革命的进程。新媒体的发展为博物馆拓宽了产业渠道，也为新文创市场提供了巨大的发展潜力和上升平台，能够通过多层次的传播渠道将文化信息传递给客户，增加品牌的曝光度和互动链，打造更加智慧化、精准化、互动化的数字化文博平台，激发我国文创市场的发展潜力。因此，未来河南博物院文创产业要注重打通数字化线上渠道，"以用户为中心"，结合地域文化特色，注重文创产品的功能体验，强调个性化服务，推动内容生产与传播、产业链整合升级，实现文化产业的价值循环，以文创产业为依托，引领影视、娱乐、传媒等行业的发展变革。

一、设计原则和设计方法

（一）设计原则

其一，在文创视角下，河南博物院文创产品的创新实践必须遵循适度原则，合理协调文创设计同博物馆保护与开发之间的关系，不应过于保守或者过于激进。在文创产品设计研发上，要明确河南博物院文创产品设计研发最重要的不是其商业价值。河南博物院作为传播中华优秀传统文化的非营利性组织，第一要务是通过文创产品的设计研发增强其教育功能和文化传播功能，文创产品的设计仍然以文化价值的开发利用为主。因此，河南博物院在文创产品设计环节要统筹兼顾，合理利用互联网数字化技术，以新时代新思维促进河南博物院文化的传承与传播，激发博物院文物的创新活力。同时，在文创产品设计上也要坚持适度原则，切勿因过度追求部分消费群体的喜好而将文物的开发过度娱乐化，要保持文创产品视觉效果上的美观、和谐与统一。尊重河南博物院文物背后蕴含的独特魅力色彩，寻找合适的传播和传承路径，进行相关的开发。

其二，文创产品的开发设计原则应以用户为中心，对用户的喜好和需求进行充分调研，尊重用户的个人感受，让他们在最短的时间内认可产品、适应产品、了解产品，保证用户在产品消费过程中拥有良好的体验。博物院文创产品设计承载着传播博物院优秀历史文化、增强民族自信心和认同感、激发文化创造活力的重要任务。因此，在博物院文创产品设计上必须充分考虑用户的感受和需求，确保产品的实用性和时效性，帮助用户快速理解产品背后蕴含的文化内涵，开发出大众喜闻乐见的文创产品，为优秀传统文化的创新与发展注入新的时代活力。

（二）设计方法

1.立足当下丰富的文化传播形式

河南作为中原文明最主要的发祥地之一，其馆藏藏品和文化内涵极其丰富。在此情况下，河南博物院应立足于当下的文化传播渠道，提高河南博物院文化品牌的影响力。就目前来看，河南博物院虽然借助《唐宫夜宴》的爆火顺利"出圈"，但从长远来看，相比于故宫博物院和敦煌博物院等来说缺乏后续创新的活力。寻找适宜的文化传播方式，才能实现用户的引流与裂变，激发更多的文化创新形式。就当下来看，新型社交媒体网络的发展是河南博物院文创产品拓宽销售和服务的主要阵地。微信、抖音等平台拥有数亿的用户，在巨大的流量面前，文创产品的信息传播更具优势，同时也能够借助其强大的社交属性实现粉丝裂变，拓展文创产品设计的消费圈层。

河南博物院的文创产品设计必须基于浓郁的地域文化特色，文创产品的设计与开发能够推进博物院文化与设计的融合发展，赋予文物新的生命活力。优秀的文创产品要具有文化性和地域特性，依托河南的地域文化特色对产品进行创新设计。互联网信息技术的发展拓宽了文创产品创新和传播的渠道，多种社交媒体平台使文创产品设计不再拘泥于传统设计中依托文物造型、色彩而开发出的实体类文创产品，数字化文创设计正逐渐成为当下文创产品设计开发的重要趋势。在文创产品设计与开发中，河南博物院应积极与互联网平台展开合作，将文物与现代舞蹈、音乐、历史文化、教育相结合，创作出更多具有鲜明属性的文创产品，满足消费者的需求。

2.深度挖掘差异化文化特色

博物馆是一个地区历史文化精髓汇聚的重要场所，地域文化、民俗风情等在历史演变的过程中汇聚到文物藏品之中，文物藏品从侧面展现出地域文化的独特气质。因此，河南博物院在文创产品设计上必须选择具有差异性的文化内容和文化形式，才能形成河南博物院独特的文化优势和产品风格。在河南博物院中，以青铜器为主要特色，不仅数量众多，而且在中华优秀传统文化的传承中极具代表性，其中青铜器的样式、纹饰、色彩、制作工艺都极为精美，文化内涵深厚。河南博物院在开发文创产品的过程中可以以青铜器为主要特色，通过将产品的功能性和文化内涵相融合，挖掘出藏品背后的故事，建立品牌形象，传递出独一无二的河南文化内涵。同样，青铜器的制作工艺非常烦琐、复杂，其中的纹饰更是有着丰富的内涵。在设计产品时，河南博物院要注重文物元素的提取形式。文创产品的造型、色彩和图案等将直接影响用户的感受，这就要求文创设计开发人员具有一定的审美能力，考虑大众对文创产品的潜在需求，选择最合适的元素进行提取和开发。不同的藏品之间提取的形式不尽相同，这取决于产品本身的特色、结构、纹饰等具体内容。例如，云纹铜禁作为河南博物院"九大镇馆之宝"之一，其独特的造型和色彩是文创产品设计研发者重点关注的对象。以云纹铜禁为创作灵感，加上卡通猫设计的云纹铜禁冰箱贴，既保留了文物的庄重瑰丽，又加入了一定的浪漫主义元素，备受消费者的喜爱。又如，以四神云气图壁画为灵感设计的书签，在设计上提取了精华元素，气势恢弘，绘制手法细腻，线条飘逸流畅，"四神"更加凸显对生命和万物的敬仰。除云纹铜禁和四神云气图壁画之外，依据文物藏品设计的马克杯、洛水惊鸿创意折纸灯、茶具套装、折扇、手机摆件等应有尽有。河南博物院的文创产品设计不只停留在产品的外在功能上，更能通过其形式引发消费者的情感共鸣。

3.内容为王，推动文化资源创新

在互联网行业快速发展的趋势下，内容为王永远是产业发展的核心。中华民族几千年的文化历史，每座博物院都有其独特的文化历史地域特征，正确地将其融入文创产品设计中，不仅能够有效避免文创产品的同质化趋势，还能体现博物馆的文化个性，提高人民群众的文化认同感。历史文物是古代人民智慧的遗存，在文创产品设计研发时需要充分了解文化的历史，对文化资源进行重新解构，寻找文物与现代生活的融合点，以叙事带入，较合理地融入现代元素。在文旅融合的背景下，河南博物院的文创产品设计开发，不仅要发挥其公共教育的职能，还要结合潮流，带活话题，增强自身的娱乐属性。河南博物院积极与互联网媒体合作，在节目中通过现代化的故事演绎将河南博物院"九大镇院之宝"背后的故事娓娓道来，既创新了河南博物院文化传播的形式，也通过数字化文创产品将文化内涵传递给受众，拓宽了传统文物智能化的传播路径。

当然，河南博物院的文创产品发展之路远不止于此。自《唐宫夜宴》爆火之后，河南博物院文创产品的设计开发之路从未停歇，前有"考古盲盒"系列活动，后有"文物棒棒糖""汉服走秀"等众多文创爆款产品纷纷呈现。此外，河南博物院还积极与其他企业进行联合，共同开发创意产品。

2021年"7·20"特大暴雨让河南遭受了巨大的灾难，鸿星尔克分别向河南博物院和河南省中原文物保护基金会各捐赠100万元现金用于灾后的修复和重建。为铭记这份情谊，网友纷纷呼吁河南博物院与鸿星尔克联合开发文创产品，支持中国品牌。2021年9月2日，河南博物院淘宝店铺"豫来遇潮"直播间内，推出了河南博物院与鸿星尔克联名的"星河璀璨"系列T恤。

风"豫"同舟，与"尔"同行。"星河璀璨"系列的设计灵感来源于河南博物院的杜岭方鼎、武曌金简和汝窑天蓝釉刻花鹅颈瓶三件国宝级文物，在充分尊重文物元素的基础上与鸿星尔克的设计元素进行融合。

《史记》曰："禹收九牧之金，铸九鼎，象九州。"在中国，九鼎象征九州，是国家政权的象征。在现代，鼎依旧被视作国泰民安的重要象征。选取杜岭方鼎的兽面纹作为设计元素，旨在感谢鸿星尔克在此次险情中对河南的鼎力相助。武曌金简是河南博物院内收藏的唯一一件与女皇武则天相关的文物，也是考古工作人员研究武则天历史的重要资料。金简是女皇武则天登高祈福所用，其本身具有祈福上苍、保佑平安的寓意，以武则天金简作为设计灵感是为受灾的群众进行祈祷。"雨过天青云破处，这般颜色做将来。"第三件文物选择汝窑天蓝釉刻花鹅颈瓶作为手绘设计，以"瓶"寓意"平平安安"，为河南各地区祈福，愿雨过天晴，平平安安。

继联名款T恤之后，河南博物院与鸿星尔克联名战靴相继上线。"鸮尊""问鼎""弄墨""寻铜"四款战靴，以河南博物院的妇好鸮尊为灵感来源设计，特别叠加了武曌金简、杜岭方鼎及河南省地图、"中"字等具有中原特色的文创元素，为千年文物的创新发展注入活力与生机。

二、方案构思

河南博物院拥有丰富的地域文化资源，其中青铜器文化和殷墟甲骨文文化相对来说是大众更加感兴趣的地域文化，充分挖掘河南博物院中青铜器文化和殷墟甲骨文文化资源，从中找寻可利用的文化资源，并展开文创产品设计与开发，是本小节设计方案的总体构思。

　　青铜器文化是我国文明发展史中的重要组成部分，古代先民通过体力劳动和脑力劳动创造出丰富多彩、令人惊叹的物质文化资源和精神文化资源，大量的、制作精良的、造型优美的青铜器向人们展示着当时历史发展的繁荣昌盛，向人们揭示了当时的时代特征等历史文化信息，是艺术界的瑰宝。青铜器的种类繁多，在当时的社会环境中得到广泛应用，与当时人们的生产和生活紧密联系在一起，很多青铜器将美观性和实用性等融为一体，并应用到人们的习俗活动中。青铜器的造型非常丰富，人们在青铜器表面使用大量纹样装饰，这些造型与纹饰的背后具有较高的文化价值、艺术价值及一定艺术特征规律，能够体现出当时人们的独特审美观念与思想情感等，部分纹饰蕴含着当时人们的图腾崇拜。

　　甲骨文是人类早期的文字之一，是我国汉字的起源，是中华优秀传统文化的根基，在语言学界、考古学界、历史学界等领域具有重要的科研价值。自甲骨文被发现之后，许多学者不断投入甲骨文的相关研究中并取得诸多成就。甲骨文是一种抽象符号，是远古时期的人们在社会实践过程中逐渐创造出来的，是远古时期人们艺术创作思维和能力的重要体现，并能够展示出当时人们的生活情景和生产情景，具有极高的艺术魅力和科研价值。

　　本小节的设计实践对青铜器文化和甲骨文文化的精髓进行高度提炼，从中提取出相应的地域文化元素，并将其应用到博物馆文创产品设计中，使青铜器文化和甲骨文文化通过现代设计手段及相应创意等实现表达和传播，促使青铜器文化和甲骨文文化在现代社会得到进一步延续，弘扬我国优秀传统文化，引导社会大众建立更加充分的文化自信。文创产品设计也将实现多样化发展，文创产品的形式将更加丰富，质量也将得到进一步提高。

　　本小节的博物院文创产品设计主要以20～40岁的中青年群体尤其是女性群体为目标用户，充分结合这部分目标用户的精神消费需求和生活需求等展开文创产品设计，尽量为目标用户提供个性化产品定制服务，将提升产品的交互式体验作为重要参考依据，使地域文化通过文创产品以更加现代化的语言展现给社会大众。该部分目标用户群体具有受教育程度较高、对新兴事物兴趣较高等特点，文创产品更容易得到该部分用户群体的认可和欢迎。针对该部分目标用户群体展开文创产品设计，有利于文创产品在市场竞争中快速打开知名度。设计实践根据产品市场需求等选择适宜的设计理念，注重地域文化与产品之间的相互匹配，以提升用户体验为设计核心，遵循以用户为中心、实用性与美观性相结合、以开发博物院文化资源为核心等设计原则。博物馆文创产品的开发与设计既要满足产品的功能性，又要注重产品文化性与创意性的表现和提升，使文创产品实现实用性与美观性的有机融合，使文创产品获得文化属性、情感化等特点。在地域文化背景下，博物馆文创产品设计实践从博物馆文化资源中提取能够彰显文物文化内涵的元素符号，以设计出具有地域文化特色的博物馆文创产品为目标。此外，文创产品设计还需要选择更能体现与相应地域文化特色的材质制造相适应的博物馆文创产品。

三、设计实践

（一）基于青铜器文化的文创产品设计

本小节的设计实践将青铜器文化与茶文化融合在一起，设计系列茶具，将博物院青铜器文物的造型和纹饰等青铜器外部基础特征提取出来并运用于茶具设计中，使设计出来的茶具成为青铜器文化的载体。

青铜器是河南博物院中具有较强艺术感且视觉冲击力较强的文物，青铜器在远古时期是人们生活和生产的重要工具，青铜器的种类非常丰富，且与人们的生活产生密切联系，将青铜器文化运用于文创产品设计中，可以使文创产品获得应用价值，促进文创产品美观性与实用性的结合，给予用户良好的使用体验。青铜器是古代劳动人民的智慧结晶，是古代劳动人民创造能力和思想观念的体现，蕴藏着古代劳动人民的精神印记，与特定历史时期的政治和礼仪等领域之间存在联系，是一个时代的重要特征，并能表现当时独特的地域文化。青铜器随时代发展而不断演变，不同历史时期的青铜器表现出的地域文化内涵和时代精神也有所不同。青铜器的造型一般为几何图形，最常见的造型为方形和圆形，与古代先民"天圆地方"的观念相吻合。青铜器使用的纹样可以分为动物纹样和几何纹样两大类。动物纹样包括人们日常生活中可见的动物纹样与神话故事中不可见的动物纹样。牛、蛇、虎等人们生活中常见的动物纹样能够体现出较浓郁的生活气息，龙、凤、饕餮等神话故事中描绘的动物纹样使人们感到庄重与神秘，这些动物纹样还能体现当时人们对图腾的崇拜和信仰。几何纹样是当时人们对自然现象和现实生活中事物进行抽象概括的结果，能体现当时人们对自然现象和现实生活的认知，也是当时制度的一种体现。几何纹样由点、线、面组合而成，不同的组合方式形成具有差异化的几何纹样，纹样中的线条具有不同的节奏和韵律。无论是几何纹样还是动物纹样都蕴藏着某一特定时期的地域文化内涵，是当时人们思想观念的承载物。

茶文化也是我国历史非常悠久的传统文化之一，社会潮流的不断更替并没有将茶文化淘汰，反而在时代发展过程中不断得到传承和创新，广泛流行于民间和宫廷中，随着人们生活习惯的改变及文化制度的革新而不断演变，形成独特的文化形式。茶具在茶文化中具有十分重要的地位，喝茶必然离不开相应的茶具。本小节的设计实践从河南博物院的青铜器馆藏文物莲鹤方壶中提取地域文化元素，将其运用于茶具设计中。在茶具主体的设计方面，选择较朴素的圆形造型，没有进行特殊设计，这种设计采取人们印象中常见的茶具造型，使人们产生熟悉感与亲切感。同时，这种设计是经过时间考验的、最适宜实际应用的茶具造型，选择这一造型设计能够使文创产品保持良好的实际应用价值。在元素提取方面，本小节的设计实践采取表层式的设计理念，直接将莲鹤方壶表面上的纹饰应用于产品设计中，使消费者直观地感受到茶具中所表达的地域文化。在产品材质方面，设计实践根据茶具的功能性选择了陶瓷作为产品材质，产品色彩则采用通体雪白的设计，给人以纯洁无瑕之感，使人们在品茶过程中保持平和的心境。莲鹤方壶上的纹饰为龙纹，将其印刻在通体雪白的陶瓷之上，使茶具显得更加典雅和尊贵。茶具底部印刻上河南博物院的标志符号，使茶具产品与博物院之间建立联系，增强茶具产品的纪念意义与纪念价值，满足用户游览博物馆购买文创产品的情感需求。

（二）基于甲骨文的文创产品设计

甲骨文是一种文字符号，具有表达和传递信息的作用与功能。在历史的不断演变过程中，甲骨文又具有了文化符号的属性。甲骨文是我国优秀传统文化的重要组成部分之一，甲骨文不断演变发展，成为我国汉字的"源头"，是中华优秀传统文化源远流长的重要证明。甲骨文是中华文明智慧的代表，甲骨文更加贴近图画，经过演变成为文字符号。在殷商时期已经出现具有或刚健、或柔美姿态的文字符号，一些象形文字仍然与代表本意的原始图画之间具有诸多相似之处。殷商时期的人们已经能够利用线条刻画文字符号，并利用文字符号表达思想或情感。当下时代，我国越来越重视社会大众文化自信的树立和提升，甲骨文作为我国汉字的起源，在弘扬和传承中华优秀传统文化方面具有不可忽视的重要作用，能够有效帮助国民提升文化自信。在语言界、考古界及历史学界，甲骨文对众多学者来说具有极大的吸引力，且这种吸引力自甲骨文被发现后便一直延续至今。

甲骨文拥有严密的系统性造字方法，是古代先民在社会实践过程中不断探索和创造出来的文字符号，具有较强的实用性与极高的创造性。从视觉角度分析，甲骨文大多呈现不规则造型，文字符号并没有特定为方形或圆形等，具有较高的随意性。从造字方法角度分析，甲骨文主要以形声、象形、会意三种造字方法创造出来。形声造字法是将表示声音的声旁与表示意义的形旁相结合构成整体的文字符号；象形造字法通过抽象图画的方式创造文字符号，人们可以使用理解图画的方式来理解象形文字；会意造字法是指将两个或两个以上的图形结合成整体的文字符号，人们不能通过理解图画的方式理解会意文字。这三种造字方法在本质上具有各自的特征，文字符号表达意义的方式也各有不同。除这三种主要的造字方法外，其余造字方法使用的频率相对较少，具体包括指事、转注等构字方法。多样化的、严密的系统性造字方法是古代先民脑力劳动的成果，创造出来的甲骨文服务于人们的生产与生活，使人们之间的相互交流更加便利与准确，信息的表示或传递获得了新的方式，是人类文明的重大进步。

文字是人们生活中极为常见且无法离开的重要工具，文字静静流淌在人们生活的各个领域，发挥着不可替代的重要作用。人们已经习惯于文字的存在，有时甚至会忽视文字背后的文化内涵。文字是人类文化的重要载体，具有极为浓厚的人文情怀。甲骨文严密的系统性造字方法赋予其极高的科研价值，文字的演变过程与时代发展息息相关，能够体现出不同时代人们的审美观念和人文精神等。文字还是一个民族的重要标志，是民族文化的重要体现，人们对自己民族的文字具有极强的情感归属感。因此，基于甲骨文的文创产品设计在表达和传播地域文化方面具有极强的作用，对增强我国国民文化自信和民族自信来说具有重要意义和价值。

殷墟甲骨文是河南博物院的重要文化资源，具有强烈的河南地域文化特色。甲骨文在我国拥有较高的知名度，是社会大众对河南博物院文化资源中认知度较高、求知欲望较强的地域文化资源，使将甲骨文应用于河南博物院文创产品设计具有良好的基础和条件。本小节在设计实践中将姓氏文化与甲骨文相结合，能进一步增强文创产品设计中人文情怀的体现，使文创产品设计能够快速引发消费者的情感共鸣，提升文创产品的共情力。

姓氏是标志社会结构中血缘关系的一种符号，在我国已经有5000多年的历史，一直在我国文明发展进程中扮演着重要角色，连通着人与人之间的亲情。姓氏受到古代先民的重视，在历史发展过程中不断壮大，姓氏的数量不断增多。大多数姓氏具有非常悠久的历史，一代又一代的人们不断推动着姓氏的延续和发展，是我国传统文化的一大宝藏，在一定程度上反映着中华民族文明史的进程。姓氏文化对根亲文化具有重大影响，寻根问祖活动中姓氏是重要的判断依据。根亲文化和姓氏文化起源于中原地区，河南地域文化中具有根亲文化的内涵，中国现在存在的300大姓中超过一半的姓氏起源于河南地区，其中包括李、王、张、刘四大姓。河南地区每年都会举办文化节活动，姓氏文化产业在当地蓬勃发展，成为当地具有特色的地域文化特征之一。

社会实践以甲骨文作为主要研究对象，以甲骨文表现百家姓氏，从而使甲骨文从姓氏文化的角度出发展现出独特魅力及相应的文化价值和教育价值，弘扬中华优秀传统文化，增强人们的爱国主义精神，提升人民群众的凝聚力，增强人们对亲情的关注与重视，帮助人们树立正确的价值观。从产品销售角度来说，将甲骨文与姓氏文化相融合并应用于博物馆文创产品设计中，使消费者更容易对相关文创产品产生情感共鸣，从而促使消费者产生更加强烈的购买欲望及深入探索甲骨文的兴趣，促进河南特色地域文化的表达与传播。在人们的传统观念中，姓氏与血脉之间具有一定联系，相同的姓氏成为中华儿女之间的一种默契，人们对具有相同姓氏的人产生一种认同感。利用姓氏文化开展博物院文创产品设计，可以为用户提供个性化定制服务，用户可以选择文创产品的内容，将自己想要表现的姓氏提供给设计师，文创产品设计师可以根据用户需求进行调整，将文创产品的内容调整为用户想要表现的形式，从而进一步提升用户的购物体验与产品使用体验等。

博物院文创产品设计要更加注重教育功能与文化传播功能的实现，而创造商业价值则处于相对次要的地位，博物院文创产品设计需要遵循适度原则，协调好博物馆文物保护与开发之间的关系，而不能只是将创造商业价值作为首要目的。因此，河南博物院文创产品设计实践在挖掘甲骨文文化时不能过于追求"新颖"，不能一味追求吸引消费者的注意力，刺激消费者的购买欲望，而忽视文创产品教育功能和文化传播功能的发挥。将姓氏文化与甲骨文相融合，更加有利于文创产品教育功能和文化传播功能的实现，更加有利于体现河南省地域文化特色。

本小节的设计实践将甲骨文与姓氏文化进行结合，创造出甲骨文姓氏符号，并采用现代化的设计方法对甲骨文姓氏符号进行二次设计，使甲骨文的大小、粗细、形状等更加契合产品的平面图案构成，平面图案的整体视觉效果更加协调与平衡。在甲骨文的造型方面，文字变得更加直挺和柔顺。对甲骨文姓氏符号进行二次设计，可以使甲骨文更加符合现代消费者的审美观念与审美习惯，从而使消费者在观赏文创产品中的平面图案时感到更加舒适和亲切，文创产品也将更易被消费者认可和接受。（图6-1）

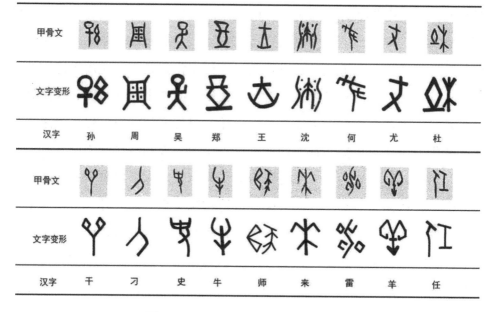

图6-1 甲骨文姓氏符号的变形设计

经过二次设计的甲骨文姓氏符号可以作为平面图案应用于家居生活类文创产品的设计中。例如，平面图案可以印在帆布包、笔记本封面、服装等产品上，采用表层式的设计理念，将甲骨文与姓氏文化直观地呈现给观众，利用甲骨文与姓氏文化中蕴藏的浓厚的人文情怀及甲骨文本身的知名度与艺术感来吸引消费者的注意力，刺激消费者的购买欲望，以及表达和传播河南省的独特地域文化。帆布包文创产品能够满足人们游览博物馆的情感需求与精神消费需求等，是一种较好的旅游纪念品，也能够为游客提供载物功能，解决游客收纳物品的问题，具有较强的应用价值与纪念价值。帆布包文创产品选择粗麻布材质制作，更容易衬托出中青年群体的青春气息及现代大学生群体的文艺气息。帆布包作为一件日常百搭的生活用品，还可以被各个年龄段的消费群体接受，在创造商业价值方面具有较大的发展空间。人们在日常生活中经常用到帆布包，帆布包文创产品可以被消费者多次使用，与消费者产生情感共鸣，其传播地域文化的能力相对较强。甲骨文姓氏符号图案可以根据消费者的要求进行调整，为消费者提供个性化定制服务。帆布包文创产品的种种优势容易引发消费传播行为，并在消费者中形成良好的口碑，从而促进博物院文创品牌的建立与形成。

第七章　中原文化与创新设计实践

中原文化作为中国传统文化的代表之一，具有丰富的历史底蕴和深厚的文化内涵。作为中国文化的发源地，中原地区一直以来都是中国文化的重要承载者和传播者，其独特的文化特色和深远的影响力对中国乃至世界产生了深刻的影响。随着时代的发展和社会的变革，中原文化也在不断地与现代社会相融合，创新设计实践作为当代社会的一种重要表现形式，也将中原文化的精髓与时代精神相结合，为人们带来了更加丰富多彩的创意成果。通过对中原文化的深入挖掘和理解，以及创新设计实践的应用和探索，不仅能够保护和弘扬中华传统文化，同时也能够促进文化产业的发展，激发创意活力，推动文化创意产品的国际化发展。因此，本章旨在探讨中原文化背景下的创新设计，探讨如何通过创新设计实践来传承和发展中原文化，从而为文化产业的可持续发展提供新的思路和路径。

第一节　中原文化精神与历史流变

一、中原文化精神

"中原"又叫"中土""中州"，意为天下之中，地理位置极其优越，被称为"中华文明的摇篮"，在中国历史上占有极其特殊的地位。中原文化是黄河中下游地区物质文化与精神文化的总称，起源于辽阔的中原土地，是中华文化的母体与主干，长久以来一直占据中国传统文化的核心位置。

中原文化的中心在我国黄河中下游地区，在我国中部地区而形成。从根本内涵上来讲，中原文化是一个不断形成的过程与概念，有着稳定的价值观念，同时又有多元的内部构成。这些具有多元特征的文化元素，赋予中原文化非常丰富的内涵。从一定程度上来说，中原文化是一部缩略版的中国文化史。从历史的角度来看，中原文化内部是多元文化的构成，但是有时是由一元进行主导的多元，这里的一元指的是在我国春秋战国时期所奠定的一些基本的价值观念。其深层次的结构具体而言可以概括为天人合一、阴阳相生、道法相济、三教合一、外圆内方等，同时也表现出中心性、政治性、农业性、封闭性等众多文化特质。文化精神与特定的历史是相互交融、难以分割的。中原文化是中国文化的根，在历史长河中经历了老庄之学、韩墨之学、汉代经学、魏晋玄学、隋唐佛学、宋明理学，在此之后逐渐走向文明演进的高峰。

二、中原文化的挖掘与演变

（一）中原文化的结构

1.三皇时代

在上古时期，人们的生产力非常低下，生活条件简陋，人们的经验积累主要来自日常生活中的劳动实践和在自然界中的实际观察。中原地区上古神话中，第一位神话人物就是开天辟地的盘古，他是创世之主。河南很多地区有不少的名胜古迹，流传着令后人无限崇拜敬仰的先贤的丰功伟绩。这一神话的意图主要在于说明宇宙及人类的起源。有巢氏是很了不起的建筑英雄，使人类依树而栖的方式发生了巨大的改变，转化为穴居方式。相关典籍记载，上古时代禽兽比较多，人比较少，人类居住在树上主要是为了躲避野兽。在古典文献的记载中，三皇分别指的是天皇燧人氏、地皇伏羲氏、人皇神农氏。中原文化也应当追溯到三皇时代。

2.五帝时代

三皇时代以后，中原文化发展进入了五帝时代。相传炎帝是古羌人的首领，生活在渭河流域，相传共工氏也属于该集团。古夷人生活在黄河中下游地区，共有九个部落，被称为九夷，与皇帝进行战争的蚩尤、射日的后羿及掌管刑法的皋陶都属于这个集团。古苗人居住在江泽之间。伏羲、女娲及三苗、祝融等都属于该集团。在最初的时候，这三大集团可以和平共处，但是随着时间的推移，各个部落不断地进行分化组合，逐渐发生各种矛盾，产生战争与联盟，最先开战的就是黄帝与炎帝的部落。双方战得昏天黑地，血流成河。最终，炎帝全面溃败，逐渐向东南方向转移，开始和东夷与苗蛮集团融合在一起。蚩尤是炎帝的后裔，但是后来其驱逐了炎帝，在东夷集团中成为一个非常剽悍的部落。蚩尤在发展壮大之后，开始向皇帝发起了挑战，而黄帝以仁义治理天下，难以制止蚩尤，于是只能仰天长叹，被迫于涿鹿之野布阵，最后擒杀了蚩尤。可以说，黄帝时代不同于处于母系氏族社会的神农时代，此时已经进入父系氏族社会。尽管某些地方的遗风仍然有母系氏族的影子，但是父系社会仍然是黄帝时代的主流。仰韶文化晚期，在河南的新郑一带，黄帝建立了有熊国，这是河南原始氏族社会终结的标志。

（二）中原文化分类与流变

中原地区是中国古代的核心文化区域。我国春秋战国时期，中原文化主要由宋陈文化与郑卫文化两大类型文化构成。申吕文化也是一个非常重要的类型，但是从整体上来说，它属于中原楚文化。

1.宋陈文化

宋陈文化诞生于中原大地发生巨变的时期，在这个时代，社会秩序剧烈变动，同时思想文化领域也发生着翻天覆地的改革。随着时代风气由"学在官府"向"学在四夷"转变，学术文化逐渐向民间化发展，涌现出大量的平民知识分子，形成了一批区域性的文化中心。正是在这一时期，宋陈文化与其他学派相互感应，在时代的风云变迁中不断发展。

中原文化不同于儒、楚文化，是一种独立存在的文化。在宋陈文化中，老庄思想主体部分具有强烈的原生性与独创性，使宋陈文化有了更加强大的理论生命力，使中原文化在新时期获得了发展。众所周知，孔子与老子的儒道互补文化是我国文化流变的基础。在宋陈文化中，老子较孔子早20年诞生，他是庄子之前出现的一位具有新思潮的人物。他提倡道法自然，讲究无为而治。老子的《道德经》是我国历史上由个人创造的一种思想体系。老子是中原文化的代表，孔子是齐鲁文化的代表，屈原是楚文化的代表，各自都有其特点。中原道家文化强调天人合一，道法自然，研究天道自然规律及人与自然的关系。老子一生极力推崇"自然"与"无为"。这里的自然代指民众，无为可以代指统治者。统治者的不治，对应的就是百姓的自治。从道家角度来说，政治的真正奥妙之处就在于统治者的"无为而治"。老子的思想对今后中国社会的发展及走向都有着极为重大的意义。

2.郑卫文化

郑卫文化的主要特征包括重视礼仪、崇尚道德、注重人文关怀、尊敬先贤、追求信义忠诚等。在政治上，郑卫文化主张君主与臣民之间建立和谐的关系，通过仁政治理国家；在文化上，郑卫文化强调修身齐家、尊师重教、尊重传统思想。郑卫文化的影响不仅体现在春秋时期的政治和文化领域，在汉代、唐代等历史时期也进行了广泛传播。

（三）魏晋文化

魏晋时代玄学比较兴盛，在当时的历史上具有非常深刻的影响。老庄思想代表当时历史上中原地区的最高文化发展成就。但是，其发展最充分的时候是在魏晋时代。魏晋时期玄学的发展表明，随着汉代经学的逐渐衰落，中原文化开始将宋陈文化中有关世界根源的解说用以说明伦理道德的终极根源，这使儒家以伦理道德为核心的理论轨道被逐渐打通，儒学理论水平逐渐提高，同时也为后世宋明理学对各种思想的综合奠定了基础。

（四）宋代文化

宋代理学是中原文化在宋时期的最高哲学成就，其思想文化发展的基本格局由程朱理学及陆王心学等思想构成。尤其是二程兄弟，其在洛阳办学，创立了洛学派。洛学派主要是由在洛阳地区的学者从事的一种学术，二程、邵雍及司马光是主要的学习者。司马光因为对新学持反对态度而到了洛阳，在这个地方完成了一部著名的史学巨著——《资治通鉴》，逐渐形成并完善自己的学术思想。朱熹对二程的学说比较心仪，对其理本学说进行了全面发展：一是将天理作为自己学说的最高哲学范畴，建立了比较完善的理论；二是对格物致知思想进行继承。江西的陆九渊也有自己的心学思想，与二程思想没有直接继承关系，但是二程心学是其思想源头，提出了"宇宙便是吾心，吾心便是宇宙"的观点。

第二节　中原文化背景下的文创产品设计案例

文创产品指的是以"文化+创意"为导向的创新产品设计，以设计者对文化的深刻理解为基础，充分提取具有当地特色的文化资源，以现代设计手法进行包装，采用合适的制作工艺打磨成型，再融入一定的创新元素创作出来的弘扬特色文化的产品。在人类文明发展进程中，中华文化虽然历史悠久、源远流长，但是在文创产品这一领域才刚刚起步，自21世纪全球文化大发展以后，我国才正式掀起了文创浪潮。

近年来，随着我国社会经济的迅猛发展，人民物质生活水平日益提高，越来越多的人开始追求更高层次的精神文化生活，消费者对文创产品的内容与形式的要求也变得越来越高。在这种全民需求的推动下，各个地域争先恐后地深入挖掘自身文化资源，将当地文化特色、创意赋能于文创产品中。中原地区是中华文明的源头，拥有丰富的历史文化资源。中原文化是中华文化的核心组成部分，其影响力广大无比，甚至波及海外，因此无数中外设计师以中原文化为蓝本，设计出许多优秀的文创产品。

一、各大博物馆推出的文创产品

（一）山西博物院

一进入夏天，气温就迅速上升，热浪一浪高过一浪，山西博物院为帮助人们消暑，设计推出数款文创雪糕，第一款是"鸟尊"雪糕，灵感来源于馆藏珍品青铜器"西周晋侯鸟尊"。该青铜器是古代贵族祭祀活动中常用的器物，整体造型酷似一只静立回首的凤鸟，尾羽却又下弯成象首状，与双腿一同支撑着鸟身。这款雪糕仿照鸟尊的外形特征设计，造型细节栩栩如生，同时还注重口感和口味选择，优选杞果味和抹茶味，辅以新鲜的食材保证雪糕的品质。它不仅是一种美食，更是一种文化体验和艺术品位的结合，将西周青铜器元素融入其中，通过雪糕的形式向人们展示历史文化魅力。该雪糕一经推出就广受众人好评，因此山西博物院顺势设计出以主馆造型为原型的雪糕，造型如斗似鼎，其中斗象征着丰收、喜悦，而鼎则寓意安定、祥和，体现了中华民族孜孜以求的美好愿望，这一形状精巧的雪糕也十分受大众喜爱。

除此以外，山西博物院还推出以"最萌文物"青铜器商鸮卣为原型设计的爆米花、巧克力等文创食玩，还有毛绒玩具等。鸮卣是一种酒器，运用线雕、平雕及凸雕手法，通体纹饰细腻精美，状似猫头鹰，还很像早年流行游戏"愤怒的小鸟"中的角色形象，因此广受年轻人的喜爱。

（二）大同市博物馆

大同市博物馆馆藏文物数量庞大，种类繁多，其内部展馆以时间为轴，展现了大同地区深厚的历史文化底蕴。北朝博物馆是其中一个重要分馆，北朝第一个王朝北魏就定都于大同，因此留存许多北朝时期的石雕艺术、木板漆画、青铜陶瓷等文物。为了满足不同消费者的需求，加深消费者对北魏文物及北魏文化内涵的认识与理解，大同市博物馆设计出不同档次及不同价位的文创产品。

首先是生活类文创衍生品，以北魏杂技俑的形象为主，重点为大众展示大同地区的传统民间技艺，即北魏时期融合西域文化元素的市井杂耍——"橡橦"，还有生活、饮食气息极为浓烈的广灵县剪纸、大同刀削面、铜火锅、百花大烧卖等元素，选取实用性较强的载体进行设计研发，主要包含口罩、湿巾、手机壳等日常用品。

其次是娱乐类的文创产品，以北魏乐舞俑、伎乐童子的形象为主，重点为大众展示大同地区的传统民俗文化，如舞狮、舞龙、元宵花灯等，制作成玩偶手办、香薰蜡烛、冰箱贴、游戏卡牌、拼图等娱乐用品。

再次是学习类文创产品，以班姬辞辇典故中班婕妤的形象为主，重点突出北魏时期鲜卑汉化、文化交融的主要特征，取其"才女"属性为魂，再结合现代多元的学习方式，以书法、绘画、下棋等形式展现，设计出笔记本、书包、文具袋、纸胶带、书签等一系列学习用具。

最后是出行类文创产品，以镇墓系列插画——北魏镇墓武士俑的形象为主，寓意出入平安，其中元素囊括北魏时期贵族的出行方式及如今大同地区人民的日常交通工具，如牛拉鳖甲车、公交车、共享单车等，推出各式丝巾、T恤衫、纸袋、行李箱、帆布鞋、袜子等文创产品。

（三）山东博物馆

山东博物馆以馆藏明衍圣公朝服和一段孔子"鼓琴助猫取鼠"的趣事为灵感，设计出"衍圣公·文曲喵"系列功能手办。其中，衍圣公为孔子嫡长子孙的世袭封号，整套明代朝服曾作为山东博物馆选送的三件国宝之一入选央视《国家宝藏》栏目，具有颇高的历史价值。孔子的第八世孙孔鲋所书《孔丛子·记义》中曾记载"向见猫方取鼠，欲其得之，故为之音也"。因此，本系列手办以卡通化的"猫"为主体形象，身着明衍圣公朝服，头戴梁冠，分别"持扇"及"持旨"，使整套手办憨态可掬，惹人喜爱，同时实用性极强，可作为便签夹及笔架使用，既有可爱外表，又有实用桌面功能。接着是镇馆之宝书签，设计灵感来自山东博物馆的十大镇馆之宝，生动传神的"卖萌"青铜器——亚丑钺、鲁博大厅穹顶玉璧的原型——鲁国大玉璧、最会讲故事的精美"铜饭碗"——颂簋等，件件都是奇珍。设计师提取每件文物中的经典元素，搭配青铜器与玉器复古厚重的绿与金，制成这一套"贵气满满"的金属书签，灵动的造型、精美的图案可以让使用者的阅读和学习过程趣味横生。此外，山东博物馆还推出淘淘兽卡通玩偶，设计灵感来自十大镇馆之宝之一的"红陶兽形壶"，它于1959年山东泰安大汶口遗址出土，酒器。夹砂红陶，通体磨光，圆面耸耳，遍施红色陶衣，光润亮泽。拱鼻，张口，鼓腹，四足，短尾上翘，耳穿小孔，背装弧形提手，尾根部一筒形注水口，可受水，嘴可出水，体肥壮，腹部鼓起加大了容积，四足立起便于加热，造型生动美观，近似猪或狗形。设计师生动地还原了兽形，只进行简单的细节优化，共发行粉色、橘色两款，萌趣十足，红陶兽形壶化身成可爱的毛绒公仔，给使用者带来暖心的陪伴。

二、民俗文化创意产品设计研究

（一）淮阳"泥泥狗"

"泥泥狗"是河南淮阳民间泥制品的总称，其原型是我国古代神话故事中看守伏羲陵庙的"神狗"，被赋予辟邪消灾的美好寓意。泥泥狗以胶泥为原材料捏制而成，形象古朴、逼真，一般用黑色作为整体底色，然后使用色彩鲜艳的线条在其上描绘各种繁复的符号纹样，带有一种神秘感。"泥泥狗"大多采用动物或人兽同体的造型设计，如代表原始人类的"人面猴"形象，整体生动逼真，具有极强的视觉效果和历史厚重感，被艺术领域的专家学者赞为"真图腾，活化石"。

设计师根据"泥泥狗"的形象及背景故事，设计出"豫泥玩"文创品牌，取谐音梗"与你玩"。因为一方面淮阳"泥泥狗"的本质就是孩童的泥塑玩具，另一方面"豫"是河南省的简称，"泥泥狗"也是河南的本土文化。俏皮的品牌名较与淮阳"泥泥狗"本身神秘、怪诞、肃穆的形象形成强烈的反差对比，在保证不失传统特色的情况下，对淮阳"泥泥狗"蕴含的各种文艺元素进行提炼和设计，注入全新的活力。淮阳"泥泥狗"最显著的视觉元素是由点和线组合的纹样，设计师运用康定斯基的点、线、面设计理论，以简单的几何元素和色彩组合来表达淮阳"泥泥狗"的纹样设计，创造出富有现代感的文创产品，使淮阳"泥泥狗"文化在当代社会中焕发更独特、丰富和多彩的文化魅力。

最典型的示例是"豫泥玩"儿童涂色绘本，运用蝴蝶装订法，整体设计简洁大气，封面使用500克覆膜铜版纸，可保持绘本封皮色彩鲜艳、不易掉色、不易脏，突出整体高品质，绘本内页则选用315克白卡纸作为绘图纸，特点是易书写不易渗笔墨。考虑到绘画者是儿童，为了避免他们在创造过程中将色彩蹭到衣服上，配备了可水洗性画笔，方便孩童随心所欲地自由创作。"豫泥玩"儿童绘本以绘图的方式，向儿童传播了文化信息。绘本整体以淮阳"泥泥狗"纹样元素为设计基础，对淮阳"泥泥狗"女阴纹、太阳纹、花草纹等纹样元素进行提取、解构、重组、四方排列形成新的纹样为辅助图形，把三维的立体造型形式美法则打散、旋转、重构、组合为二维的平面纹样，更容易受到小朋友的喜爱。

（二）朱仙镇木版年画

朱仙镇木版年画根植于民间，具有非常鲜明的中原文化特色，彰显了浓郁的民间文化艺术，价值独特，是中原文化艺术的瑰宝，被列为我国的非物质文化遗产。随着社会的发展和人们生活方式的转变，传统年画的使用功能和现有市场已经逐渐失去活力。越来越多的设计师开始主动将朱仙镇木版年画与现代设计进行结合，让其在这个时代焕发出新的光彩。

1.视觉图案

在文创产品设计中，图形图案占据整个画面的大部分，因此，要想吸引消费者的注意，所设计的文创产品在图案表现形式上必须独具特色。接下来，本小节将对以年画图案图形为设计灵感的文创产品设计进行分析。

（1）门神"秦琼""尉迟敬德"。提到年画的视觉形象设计，标志性的门神武将"秦琼"和"尉迟敬德"自然少不了。以门神形象为设计灵感的木版年画具有非常鲜明的特色。除传统的门神形象之外，设计者为了迎合受众的需求，还推出"Q版"门神形象，整个人物的形态主要突出人头，头占整个画面的三分之一，再加上拟人化的表情、神态，使其更显趣味性。

（2）钟馗。除门神武将的表现形式多样之外，朱仙镇木版年画中的钟馗形象也深受广大群众的喜爱。钟馗在传说中具有镇宅辟邪降福之意，将其进行创新设计，满足了消费者多元化的文化需求。

（3）柴王推车。柴王推车又名"满载而归"，在传说中柴王是人间的财神，从小聪明勤劳，走街串巷贩卖伞、盐等生活用品，同样柴王也是运输业的保护神。以柴王推车图案为设计的文创产品表达了人们渴望财神眷顾的美好愿望。

2.色彩理念的视觉表现

在朱仙镇木版年画中,选取的颜色是非常纯净、明亮的,使用的颜色一般有绿色、红色、紫色、黄色、黑色等,没有其他杂色,表达了人们对美好生活的追求和期盼。在历史悠久的历史中,朱仙镇木版年画的色彩始终浓厚而不浮动,明亮而不干燥,在与现代元素相结合时呈现了独特的艺术魅力。

3.以朱仙镇木版年画为灵感的文创产品设计

(1)生活日常类。在文创产品设计中,将朱仙镇木版年画元素融入人们的服饰、帽子、眼罩、靠枕等生活用品中,可以满足消费者表达情绪,展现个人生活态度的需求。人们在购买这样的生活用品时,不可避免地要了解图案背后的寓意及文化故事,赋予其服饰以特殊的文化价值。将年画人物形象绘制成卡通形象,能够快速地与受众产生情感连接,增添趣味性,赋予其独特的艺术美感。

(2)学习类文具产品。一是拼图益智产品。将木版年画绘制成画册,附上所需要的颜料让小朋友进行涂色,能够在绘画中感受年画的魅力。在年画填色完成之后,画册还能够剪下来进行粘贴使用,增强了参与感和互动性。以往,年画只有在过年时才会被人们购买。而在现代社会,益智拼图是比较受欢迎的产品。将木版年画与拼图进行结合,不仅能够突破木版年画的使用时间限制,还能够赋予其独特的艺术价值功能,实现文化的多次传播。二是笔记本、明信片、书签等产品。将朱仙镇木版年画与明信片、书签、笔记本相结合,会给消费者带来焕然一新的感受,使产品的使用功能和审美功能有效结合,提升其附加价值。三是装饰类产品。装饰类产品较多,对于当下追求个性的年轻人来说,别具一格的装饰品能够很好地展示其个性。设计师将朱仙镇木版年画运用到装饰类产品设计中,设计出包括手机壳、钥匙链、行李吊牌、胸针等多种文创产品,满足了消费者祈福、求财的多元化精神需求。特色的文化包、家具画更是销售一空。例如,将包包与"柴王推车"图案相结合,就具有了"满载而归""收获满满"的意味。

三、文化创意产业园文创产品设计研究

（一）许慎文化园

许慎是我国东汉时期著名的文字学家、经学家，许慎和他的著作及精神影响了一代又一代中华儿女，因其巨大的贡献被后世称为"字圣"。本小节将对许慎文化产业园文创产品设计进行研究。

1.许慎文化园历史背景

许慎，字叔重，汝南召陵（今河南漯河）人。其性情淳朴，从小便学习"六书"，研读四书五经和诸子百家的著作，是我国东汉时期著名的文字学家、经学家。在以儒家思想文化治理天下的汉朝，许慎以科学严谨的理念和执着敬业的态度，撰写了对中华民族历史文化传承有着重要影响力的《说文解字》一书。许慎墓和许慎文化园被列为国务院第六批重点文物保护单位和国家AAAA级旅游景区。

2.许慎文化园创意产品设计

许慎墓和许慎文化园作为国家重点文物保护单位，有着深厚的文化历史积淀。在园区内由于一些传统建筑保存比较全面，所以，许慎文化园一直致力于打造文创创新品牌，尽可能多地挖掘与许慎文化园有关的元素，提升其市场竞争力。

（1）开发数字文创展类产品。所谓数字形式的文化展览就是将传统的纸质的、单一的、静态的产品形式转化为动态的、数字的图像虚拟化产品，增强用户的体验感。许慎文化园内拥有的传统建筑和历史古迹较多，所以在针对许慎文化园文创产品设计开发的过程中，首先就是要对传统历史文化进行创新设计，利用科技赋能，增强许慎文化园的科技感。许慎文化园积极举办了有关数字化的文创产品展览，将本来单一静态的文化园变得充满生机，受众能够通过3D眼镜感受到文物的魅力所在，让文化园中的文物活起来，提升许慎文化园的文化传播力。

（2）"说文解字"文创产品系列。在许慎文化园中，独特的文字资源是其进行文创产品开发设计的重要灵感。将《说文解字》作为文创产品的设计方向，不仅因为其是许慎的经典代表著作，更因为其是"汉字文化"的奠基之作，是"许慎文化"的核心内容。在许慎文化园中，将多种文字的形态融入许慎文化园的长廊架构，设计成为古建筑的剪影，能够让人们在欣赏园区景观的同时，突出汉字文化的魅力。另外，以"说文解字"为灵感设计的文创产品还融入了人们的生活之中。"说文解字"书签、明信片、印章、抱枕、手机壳、钥匙扣、胶带等都非常具有特色。

（3）纹饰设计。在许慎文化园中，纹饰设计主要来源于许慎文化园中陈列的一系列出土文物或者周边搜集来的瓦当和汉砖。菱格纹、回形纹、太极水纹、交叉纹、U形纹等，纹饰在许慎文化园文创产品设计中也经常能够见到。

（二）清明上河园

清明上河园作为国家ＡＡＡＡＡ级景区，位于八朝古都开封市，是我国历史文化主题公园的典范，具有鲜明的"宋文化"特征。清明上河园是以宋代著名画家张择端的《清明上河图》为蓝本，结合现代的建造方法，复原出的大型主题文化公园。本小节将以清明上河园为例分析文创产品的创新设计。

1.清明上河园人物卡通形象设计

卡通人物形象设计是清明上河园文创产品设计中最具特色的一笔。开封作为八朝古都，具有丰富的历史文化名人资源，如开封府的包拯、公孙策、展昭等，都是家喻户晓的人物形象。以此为灵感的卡通人物形象设计不仅生动活泼，而且有效传播了中华优秀传统文化。北宋皇帝宋徽宗在书法和花鸟画上造诣极高，以宋徽宗和花鸟画为原型的文创产品设计也深受人们喜爱。

2.日用品设计

以宋文化为灵感来源的日常用品设计包括包包、水杯、笔记本、灯、耳机盒、口罩、油纸伞、钥匙扣等，尤其是宋朝的服饰、头饰深受年轻人的喜爱。这些产品在设计风格上偏向国潮风，具有色彩艳丽、视觉冲击力较强的特征，有效覆盖了不同年龄层次阶段的文创产品需求。

3.文化创意活动

在清明上河园内，除相应的物质文创产品设计之外，清明上河园还举办了一系列诸如《菊美人》的舞蹈演出、互动情景节目表演《王员外招亲》等民俗文化表演活动。游客可以身穿北宋服饰进行游览和参与互动，不仅大大增强了游客游园的趣味性，还能让游客真实感受到北宋文化的魅力。

综上，任何一种文化都不是一成不变的，其在发展过程中必然会不自觉地吸收和消化外来的有益文化，而成为一种内涵全新的文化，使自身的文化特征更为明显。在我国不同历史时期，不同地域之间形成了独特的文化历史风貌，这些精神文化资源和物质文化资源也成为我国持续推动地域文化创新的宝贵财富。在新时代，推动地域文化创新设计是传承地域文化、实现我国文化繁荣和文化强国战略的重要内容，我国应积极做好地域文化创新设计工作，激发地域文化创新活力，进一步实现地域文化创新的蓬勃发展。

参考文献

曹颖, 李碧颖, 2019. 地域文化导向下的研究型设计课程教学实践: 以荆楚文化特征景观设计
　　教学为例 [J]. 艺术教育 (6): 197-198.

陈杰, 2017. 地域文化在《宴会设计》课程中的融合创新 [J]. 文学教育 (下) (12): 68.

陈立民, 韩烨, 2021. 农产品区域公用品牌视觉设计研究: 基于地域文化视角 [J]. 设计, 34 (13):
　　142-144.

陈旸, 2015. 地域文化在当代环境设计中的传承与创新: 以徽州艺术博物馆设计为例 [J]. 赤峰
　　学院学报 (自然科学版), 31 (16): 57-59.

陈焰, 杨祖贵, 罗谦, 2006. 古为今用, 意在创新: 地域文化在室内环境设计中的表达 [J]. 建
　　筑科学 (6): 95-98.

付予, 周飞碟, 2016. 地域文化在现代设计教育中的传承与创新: 以湘东地域文化为例 [J]. 美
　　与时代: 创意 (上) (8): 107-108.

谷晓, 2020. 基于地域文化创新转化的创意绘本设计与研究: 以旅顺口地区为例 [J]. 今古文创,
　　(46): 69-70.

黄林诗, 2015. 基于地域文化的少林寺旅游纪念品创新设计研究 [J]. 美与时代 (城市版) (3):
　　89-90.

贾海丽, 2021. 现代风景园林规划设计的创新思想: 评《风景园林规划设计》[J]. 热带作物学报,
　　42 (5): 1539-1540.

贾鑫伟, 2022. 地域文化视角下纺织类文创产品创新设计策略 [J]. 轻纺工业与技术, 51 (5):
　　121-123.

雷文广, 2018. 在 "女装设计" 课程教学中传承与创新江南水乡地域文化 [J]. 纺织服装教育,
　　33 (2): 145-147+162.

李楠, 2021. 南通地域文化元素在文创产品设计中的应用: 以《状元张》文创产品设计为例 [J].
　　西部皮革, 43 (3): 63-64.

李欣, 2021. 地域文化元素在环境艺术设计中的发展与创新研究 [J]. 鞋类工艺与设计 (19):
　　110-112.

梁伟，2021. 地域文化在环境艺术设计中的传承与创新：评《中国传统美学与环境艺术设计》[J]. 热带作物学报，42（7）：2186.

凌士义，张斌，2020. 地域文化视觉语言在包装设计中的融合与创新 [J]. 美与时代（上）（3）：78-80.

刘斌，2021. 设计视角下地域文化创意产品的多维度创新之径 [J]. 包装工程，42（10）：267-273.

刘小路，韦鑫珠，谢学婷，2019."互联网＋地域文化"双重视角下的竹产品创新设计研究 [J]. 艺术生活（2）：32-36+52.

刘晓影，袁梦翎，吕莹，等，2022. 基于地域文化背景下的传统唐昌布鞋创新设计初探 [J]. 西部皮革，44（19）：116-119.

柳青华，褚艳萍，2021. 地域文化在青岛民宿室内设计中的传承与创新研究 [J]. 中国建筑装饰装修（12）：124-125.

娄佳羽，2018. 地域文化的传承与创新：以宁波保国寺砖雕文创设计为例 [J]. 大众文艺（3）：44.

罗瑞兰，2018. 文化产业背景下基于协同创新的项目课程研究：以国际园博会项目为例 [J]. 设计（21）：114-115.

彭凌燕，2010. 地域文化背景下高校美术专业学生创新能力培养模式研究：2008届毕业设计（平面）展览总结报告 [J]. 艺术教育（6）：6-7.

戚玥尔，2021. 以创新思维与应用能力培养为导向的产品设计类课程教学改革与实践 [J]. 设计，34（7）：78-80.

潜铁宇，危雨灵，2022. 浅析地域文化的创新运用：以广昌莲子酒品牌包装设计为例 [J]. 美与时代：创意（上）（6）：82-85.

申晓旭，2021. 地域文化元素在环境艺术设计中的发展与创新 [J]. 普洱学院学报，37（4）：106-108.

沈三陵，王亦知，2003. 建筑创新与地域文化：谈黄龙风景区的规划设计 [J]. 建筑学报（4）：52-54.

沈速，曹献馥，2022. 地域文化与高校艺术设计教育创新的融合与实践 [J]. 洛阳师范学院学报，41（8）：74-77.

苏惠年，2013. 江阴市建筑设计研究院有限公司建筑创作10年　滨江城市地域文化的传承和创新 [J]. 建筑学报（11）：104-109.

孙琳，周彩根，2019. 地域文化创意产品造型的创新设计研究与实践：以江苏常州非物质文化遗产虎头鞋为例 [J]. 设计，32（3）：126-128.

王琳，2020. 地域文化在环境艺术设计中的传承与创新 [J]. 科技风（7）：153.

王强，2020. 地域文化符号融入红色旅游纪念品创新设计的思路与方法 [J]. 开封文化艺术职业
学院学报，40（11）：234-235.

王强，曹晓俊，2020. 地域文化符号融入红色旅游纪念品创新设计的必要性 [J]. 黑河学院学报，
11（12）：156-157+163.

王强，林阿娟，2023. 基于地域文化的福建古田红色旅游纪念品创新设计策略研究 [J]. 通化师
范学院学报，44（3）：112-116.

王强，周敏，2020. 基于地域文化的红色旅游纪念品创新设计研究 [J]. 邢台学院学报，35（4）：
142-147.

吴云，2020. 地域文化元素在重庆文创旅游产品设计中的应用研究 [J]. 西部皮革，42（24）：
117-118.

谢琼梅，2022. 基于"互联网+"的地域文化包装设计方案创新研究 [J]. 萍乡学院学报，39（1）：
69-72+116.

邢文君，2018. 导入地域文化资源培养学生创新设计能力：以环境设计专业《餐饮空间专题设计》
课程为例 [J]. 教育现代化，5（45）：25-26.

徐丽娜，谢晨璐，陈龙杰，等，2022. 基于地域文化元素提取的花海景观设计：以嘉兴市创新路-
檇李路花海设计为例 [J]. 现代园艺，45（17）：152-154.

续磊，伍阳，2022. 瓦楞纸家具与地域文化结合的创新设计教育研究 [J]. 西部皮革，44（3）：
125-127.

游畅游，2020. 地域文化在环境艺术设计中的传承与创新研究 [J]. 农家参谋（6）：205+214.

禹晓静，2018. 传统文化、地域文化与现代设计的融合创新：中国体育文化、体育旅游博览会
展示设计浅析 [J]. 艺术与设计（理论），2（9）：53-55.

袁粤，王璐，2005. 地域文化与时代特性结合，人才培养与设计创新共进：访何镜堂院士 [J].
建筑与文化（9）：8-10.

曾凡桂，陈殿礼，2021. 文化创意产品创新设计促进地域文化的传承与发展研究：以铜官窑文
化为例 [J]. 设计艺术研究，11（3）：1-5.

张敬迪，2020. 地域文化在环境艺术设计中的传承与创新策略探究 [J]. 美术教育研究（7）：
84-85.

张苇，徐雪，姚佳辰，等，2019. 地域文化性在文创产品设计中的应用与创新：以盐城水浒文
化博物馆文创设计为例 [J]. 美与时代：创意（上）（9）：97-99.

张昕，陈锦程，2020. 基于文化创新视角的小城镇公园发展策略研究：以兰考紫薇公园景观设
计为例 [J]. 园林（1）：45-51.

郑笑仁, 2013. 设计创新 文化蕴底: "桂酒" 包装设计中的地域文化特色 [J]. 中国包装工业 (12): 24-25.

郑烨, 2020. 现代住宅室内设计中地域文化的传承与创新 [J]. 中国建筑装饰装修 (3): 237.

郑卓然, 陈虹, 2023. 基于福建地域文化浅谈对泉州花灯的创新设计及保护 [J]. 文化产业 (10): 160-162.

周明明, 2016. 黑龙江省地域文化在化妆品包装设计中的创新应用研究 [J]. 艺术教育 (2): 231.

周宁, 2019. 关于电厂设计中建筑创新的一些探讨: 探求电厂建筑与地域文化的交融点 [J]. 安徽建筑, 26 (10): 90-91.

《中国医院建筑与装备》编辑部, 2017. "排除法" 突破下的地域文化创新: 重庆市大足中医院综合大楼室内设计 [J]. 中国医院建筑与装备, 18 (8): 47-50.

SAMOYLENKO D, 2023. Concept of environmental protection in geographical culture[J]. Journal of Social Science Humanities and Literature, 6 (1).

SHI J R, JIANG Z H, 2023. Chinese cultural element in brand logo and purchase intention[J]. Marketing Intelligence & Planning, 41 (2): 171-185.

WANG L, RUAN J Q, 2022. The cost and benefit of regional cultural diversity on the income of rural workers: evidence from China[J]. Social Indicators Research, 165 (3): 759-786.

XIA F F, 2023. Method for education value evaluation with regional culture integration into international students' ideological education under fuzzy number intuitionistic fuzzy environment[J]. Journal of Intelligent & Fuzzy Systems, 44 (2): 1865-1880.

WARDEKKER A, NATH S, HANDAYANINGSIH T U, 2023. The interaction between cultural heritage and community resilience in disaster-affected volcanic regions[J]. Environmental Science and Policy (145): 116-128.

后　记

　　文创产品的发展以文化为核心，我国文创产品的发展是以中华优秀传统文化为核心，我国各省、自治区、直辖市积极推动文创产业发展，除受到国家相关政策的引领外，人民弘扬中华优秀传统文化的热情同样是促进社会各界力量涌入文创产业的重要影响因素。民族文化具有巨大的感召能力，是文创产品获得市场认可和欢迎的底层逻辑。

　　地域文创产品要准确、深刻地表达出地域文化的内涵和其中蕴藏的思想情感等，要使文创产品产生独特的民族魅力，并充分展现出地域特色等。为达到这一要求，地域文创产品的研发要真正立足于地域文化、深挖地域文化的内涵和思想情感等，并将文化内涵等与消费者审美需求、消费需求等充分有机地结合在一起，从而使地域文创产品同时兼具实用性、审美性和地域文化内涵三种元素，使产品真正满足消费者的各项需求。在此基础上，地域文创产业才能持续健康发展，为地域文化的传承、创新和发展提供有力支持，提升一个国家的文化软实力。

　　文创产品的开发和设计正在面临如何将民族传统文化与现代设计有机融合的问题。在当前科技迅速发展的时代背景下，文创产品设计需要符合科技发展潮流，充分利用科技发展带来的种种优势，使文创产品形成当下时代特征，并进一步提升文创产品的实用性和审美功能。地域文创产品设计采取现代设计理念和方式，使产品产生科技感和现代感，但地域文化的表达仍然是地域文创产品的重中之重，因此，地域文化表达和现代设计理念在文创产品设计中的有机融合十分重要。文创产品中，地域文化表达与现代设计理念的有机融合要创造出新的价值意义，而不是二者的简单叠加。在二者的相互融合中会发生传统地域文化与现代设计理念的相互碰撞，表现出新旧时代的变化和反差。如何使地域文化表达和现代设计理念融合取得这种效果，是人们在地域文创产品研发中需要考虑的问题。不同地域文化的内涵及承载的历史文化之间存在一定差异，将携带不同地域文化的符号应用于文创产品设计中，可以使地域文化与产品相融合，从而使设计出来的文创产品产生表达和传承地域文化的作用。

地域文化视觉元素在旅游文创产品设计中占据主导地位，产品设计通过地域文化视觉元素可以表达和传播地域文化内涵，是旅游文创产品产生艺术性、人文性的重要关键，是旅游文创产品形成市场竞争力的关键。一个城市的文化形象受到该城市地区文化和社会发展水平的影响。当一个城市在经济、社会、政治、文化等各个领域实现全方位、多层次的快速发展，该城市的文化形象也会得到相应提升。时代发展变化导致地域文化发生相应的演变，一些地域文化视觉元素在跟随时代发展演变过程中逐渐流失，其中的部分地域文化视觉元素包含丰富的历史文化信息，但可能在演变过程中被忽视，并导致相应地域文化失去传承。在旅游文创产品设计中充分利用和开发地域文化视觉元素，能够有效促进地域文化的传承与发展，并能够为相关地区创造巨大的经济价值。

随着我国社会经济的快速发展和国际地位的不断提高，文化产业已经成为拉动国家经济增长的重要驱动力。党中央对深化文化体制改革、加快文化产业的发展做出重要的决策部署，开辟了我国文化产业发展的新道路。在数十年的探索和实践中，我国文化产业的发展充满生机与活力，在拉动经济增长、促进文化繁荣、推动灵活就业等方面做出重大贡献。我国文化产业市场逐渐壮大，出现了一批又一批依靠文化产业实现经济效益的企业和社会团体，出现了以国有企业为主体、社会各界广泛参与的多元投资文化建设的新格局。这些社会实践和探索，丰富了我国社会主义文化发展的内涵，创新了社会文化产业发展的新形式，为增强民族自信、实现中华民族的伟大复兴提供了源源不断的生机与活力。

中国文化事业的成功实践离不开党和国家的正确指引。文化体制的改革和文化产业的发展进一步凸显了文化建设推动我国社会发展的重要作用，更需要全党、全社会进行更加全面的认识和把握。近年来，党和国家对我国文化产业的发展提供了有力支持，鼓励各地区、各民族、各社会团体积极发挥创新思维，深挖中华传统文化的精神内涵，结合时代的发展特色予以创新，实现新时代社会主义文化的繁荣。文化产业在调整我国经济结构方面具有重要的作用。文化产业是低污染、低消耗、高产出、高效益的朝阳产业，特别是近年来文化产业与高新技术、新兴行业的互相融合发展，显示出巨大的经济发展前景，加快文化产业转变成为经济发展方式，成为当前我国优化产业战略布局的重大选择。

文创行业在稳定就业、拉动消费增长等方面发挥了重要作用。在我国文化事业开放繁荣的格局和新兴媒体的融合发展之下，文创市场颇受欢迎。通过现代信息技术与文创产品相互融合产生了一种新的经济形态，即数字文创产业。数字经济发展推动了我国文创产业设计行业的转型，文创产业不得不积极与现代信息技术工具相结合，以期实现更大的经济效益和社会效益。

在文化传媒事业蓬勃发展的情况下，我国各地区的文化产业都有了长足发展。在文化产业发展过程中，文创产品设计是助推地域文化产业发展的重要部分，是地域特色和时代发展特色相结合的重要物质载体。文创产品设计需要深刻挖掘中华传统文化的丰富内涵，结合时代发展的理念，在体现其美学价值的同时，有效凸显地域文化特征和精神层面的追求。文创产品与当地的特色人文景观、自然景区、古镇街道相结合，既能够给消费者带来一定的纪念价值，也能够体现景区特色，在推动我国文旅行业创新发展方面具有重要的作用。所以，开发既代表地域文化和景区特色又具有一定实用价值的文创产品，需要设计人员拥有深厚的文化底蕴，且充分利用中华传统的物质文化遗产和精神文明。

在这个飞速发展的新时代，每个地区的地域文化都是非常值得深入挖掘的，正是因为拥有这些宝贵的传统文化，中华民族才能在世界民族之林中屹立不倒。如今越来越多的城市开始注重文创产品的设计开发，中华文化博大精深，不同的地理环境、生活方式形成了各种特征鲜明的地域文化，从中提取精华元素进行研究，一定能打造出受广大群众喜爱的高质量文创精品。同时，每个地区的地域文化也将得到进一步表达、传播和创新发展，中华优秀传统文化将得到进一步传承和创新，人民的文化自信将得到进一步激发。

地域文化跟随时代发展而不断演化，现有地域文化正在向现代化演变，并逐渐产生当下时代特征。而地域文化的变化又会对地域文创产品设计造成一定影响，文创产品设计需要不断跟随地域文化演变进行调整，从而使文创产品设计保持良好的创新性，消费者也能够不断对文创产品产生新鲜感。文创产品设计在运用地域文化时需要做到与时俱进，从而使文创产品设计与地域文化发展变化保持同步。